MAGASIN THÉATRAL.

PIÈCES NOUVELLES

JOUÉES SUR TOUS LES THÉATRES DE PARIS.

THÉATRE DE BATIGNOLLES.

L'AME TRANSMISE,

Drame en cinq actes, par M. J. CHARDON.

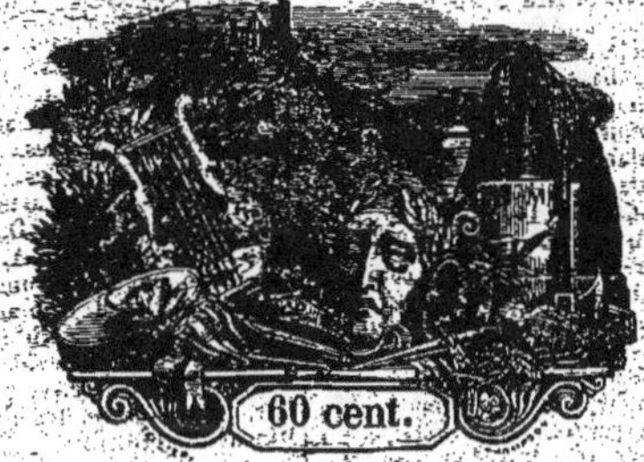

PARIS.

LIBRAIRIE THÉATRALE, BOULEVARD SAINT-MARTIN, 12.

ANCIENNE MAISON MARCHANT.

1851

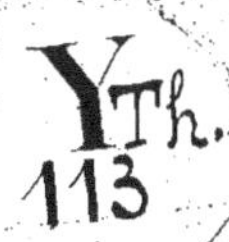

MAGASIN THÉATRAL.

CHEFS-D'ŒUVRE DU THÉATRE FRANÇAIS, A 40 CENTIMES.

Athalie, tragédie en 5 actes.
Andromaque, tragédie en 5 act.
Avare (l'), comédie en 5 actes, de Molière.
Barbier de Séville (le), c. 4 a.
Britannicus, trag. en 5 actes.
Cinna, tragédie en 5 actes.

Cid (le), tragédie en 5 actes.
Dépit amoureux (le), c. 2 actes.
École des Femmes (l'), c. 5 actes, de Molière.
Folies amoureuses (les), c. 3 ac.
Hamlet, tragédie en 5 actes.
Horaces (les), tragédie, 5 actes.

Iphigénie en Aulide, trag. 5 act.
Mahomet, tragédie en 5 actes.
Mort de César (la), trag. 5 act.
Misanthrope (le), com. en 5 act.
Mariage de Figaro, com. 5 actes.
Mère coupable (la), c. 3 actes.
Mérope, tragédie en 5 actes.

Métromanie (la), com. en 5 [illegible]
Malade imaginaire (le), c. 3 [illegible]
Othello, tragédie en 5 actes.
Phèdre, tragédie en 5 actes.
Polyeucte, tragédie en 5 actes.
Tartufe (le), com. en 5 actes.
Zaïre, tragédie en 5 actes.

MONOLOGUES A 25 CENTIMES.

Camille Desmoulins, monol. dr.
Chatterton mourant, monologue.

Dre nuit d'André Chénier (la).
Jeanne d'Arc en prison, mono.

Lanterne de Diogène (la), mono.
Mort de Gilbert (la), mono.

Vie de Napoléon (la), récit, [illegible]
Vision du Tasse (une), mon.

PIÈCES A 50 CENTIMES.

Alchimiste (l'), d. 5 a. A. Dumas.
Ami Grandet (l'), c.-v. 3 a.
Amours de Psyché (les), p. 1. 3 a.
Amours d'une Rose, (les) v. 3 a.
Ango, drame en 5 actes.
Apprenti (l'), v. en 1 a.
Atar-Gull, drame en 5 actes.
Auberge de la Madone (l'), [illegible]
Aumônier du régiment (l'), 1 a.
Aven. de Télémaque (les), v. 3 a.
Aveugle et son bâton (l'), v. 1 a.
Avoués en vacances (les), 2 a.
Badigeon Ier, vau. en 2 actes.
Belle Limonadière (la), c.-v. 3 a.
Blanche et Blanchette, d.-v. 5 a.
Bonaparte, drame milit. en 5 a.
Bergère d'Ivry (la), d.-vau. 5 a.
Berline de l'Émigré (la), d. 5 a.
Brigands de la Loire (les), d. 5 a.
Briche au Bois (la), féerie, 18 tab.
Brelan de Troupiers (le), v. 1 a.
Boquillon, dr. 3 actes.
Benoît ou les deux cousins.
Bianca Cantarini, drame 5 actes.
Cabaret de Lustucru (le), v. 1 a.
Cachemire Vert (le), 1 a. A. Dumas
Cas de Conscience (un), c. 3 a.
Cheval de Bronze (le), op. c. 3 a.
Cheval du Diable (le), dra. 5 a.
Châle Bleu (le), com. 2 actes.
Charlot, comédie en 3 actes.
Claude Stock, dra. en 4 actes.
Chauffeurs (les), drame en 5 a.
Château de Verneuil (le) d. 5 a.
Château de St-Germain (le), 5 a.
Chef-d'œuvre inconnu (le), 1 a.
Chiens du mont St-Bernard (les) drame en 5 actes.
Cromwell et Charles Ier, 5 a.
Caligula, tra. 5 a. A. Dumas.
Calomnie (la), com. 5 actes.
Chambre ardente (la), 5 actes.
Christine à Fontainebleau, dra.
Canal St-Martin (le), dra. 5 a.
Chevaux du Carrousel (les), 3 a.
Chevalier de St-Georges (le), 3 a.
Chevalier du Guet (le), c. 3 a.
Christophe le Suédois, d. 5 a.
Colombe et Perdreau, idy. 3 a.
Commis et la Grisette (le), vaud. en 1 acte.
Compagnons (les), ou la Mansarde de la Cité, drame en 5 actes.
Chevalier d'Harmental (le), dra. 5 a. Alex. Dumas et Maquet.
Conscrit de l'an VIII (le), v. 2 a.
Connétable de Bourbon (le), d. 5 a.
Comte Hermann (le), dra. 5 a. Alex. Dumas.
Chercheurs d'Or (les), dra. 5 a.
Camille Desmoulins, dra. 5 a.
Chevaliers du Lansquenet (les), drame en 5 actes.

Cravate et Jabot, com. vau. 1 a.
Croix de Malte (la), drame 3 a.
Chute des feuilles (la), pro. 1 a.
Chasse au chastre, A. Dumas.
Comte de Mansfield, dr. 4 actes.
Chevau-légers de la reine, 3 a.
Corde de pendu.
Deux Anges, c.-v. 3 actes.
Deux Amoureux de la grand'mère (les), 1 acte.
Discrétion (une), com. 1 a.
Deux Serruriers (les), d. 5 a.
Demoiselles de Saint-Cyr (les), drame 5 actes, A. Dumas.
Deux Divorces (les), [illegible]
Demoiselle majeure (la), v. 1 a.
Domestique [illegible]
Dot de Suzette (la), d. 5 a.
Doigt de Dieu (le), dra. 1 a.
Don Juan de Marana, A. Dumas.
Diable de Ghivre, drame, 5 a.
Duchesse de la Vaubalière (la), [illegible]
Élève de Saint-Cyr (l'), d. 5 a.
En pénitence.
Éclat de rire (l'), dra. 3 a.
École buissonnière (l'), c.-v.
École du monde, 5 actes.
Éléphants de la Pagode (les).
Emma, comédie en 3 actes.
Empire (l'), 3 actes [illegible]
Enfants d'Édouard (les), [illegible]
Enfants de Troupe (les), 2 a.
Enfants du Délire (les), v. 1 a.
Estelle, com. par Scribe, 1 acte.
Être aimé ou mourir, com. 1 a.
Eulalie Granger, drame 5 actes.
En Sibérie, drame en 3 actes.
Entre l'enclume et le marteau.
Étoiles (les), vaudeville 5 actes.
Expiation (une), drame 4 actes.
Faction de M. le Curé (la), v. 1 a.
Famille du Mari (la), com. 3 a.
Frères corses (les), dra. 3 actes.
Famille Moronval (la), dra. 5 a.
Famil au Fumiste (la), v. 2 a.
Fargeau le Nourrisseur, v. 2 a.
Fille à Nicolas (la), c.-v. 3 a.
Fille de l'Avare (la), c.-v. 2 a.
Fille de l'Air (la), féerie en 3 a.
Filets de Saint-Cloud (les) d. 5 a.
François Jaffier, dr. en 5 actes.
Fredaine, com. vaud. en 3 actes.
Fiole de Cagliostro (la), v. 1 a.
Folle de Waterloo (la), d.-v. 2 a.
Forte Spada, drame en 5 actes.
Faldoni le Novice, dr. en 5 actes.
Fils de la Folle (le), dr. en 5 a. par F. Soulié.
Fils d'une grande Dame (le), 2 a.
Fille du Régent (la), A. Dumas.
Ferme de Montmirail (la).
Garçon de recette (le), d. en 5 a.
Gars (le), drame en 5 actes.

Gaspard Hauser, dr. en 5 actes.
Grand'Mère (la), 3 actes, Scribe.
Geneviève de Brabant, mélod.
Gazette des Tribunaux (la), v. 1a.
Guerre de l'indépendance (la).
Guerre des Femmes.
Halifax, com. par Alex. Dumas.
Henri le Lion, drame en 6 act.
Homme du Monde (l').
Honneur dans le crime (l'), 5 a.
Honneur de ma mère (l'), 5 a.
Indiana et Charlemagne, 1 acte.
Indiana, drame en 5 actes.
[illegible]
Il faut que jeunesse se passe.
Impressions de voyage (les).
Japhet à la recherche d'un père.
Jacques le Corsaire, dr. 5 actes.
Jacques Cœur, drame en 5 actes.
Jarvis l'honnête homme, [illegible]
Jeanne de [illegible], en 5 a.
Jeanne de Naples, idem.
Jeanne Vaubernier, dr. en 5 actes.
Je serai comédien, com. 1 act.
Juive de Constantine (la), 5 a.
Jarnic le Breton, drame 5 actes.
Juillet, drame 5 actes.
Lestocq, op. com. 3 a.
Lazare (la), c.-v. en 2 actes.
Léon, drame en 5 actes.
Lucio, drame en 5 actes.
Louise de [illegible]
Louise Bernard [illegible], Dumas.
Laird de Dumbicky (le), A. Dum.
Lorenzino, par Alex. Dumas.
Lord Lambert (le), d. en 5 actes.
Lucrèce, com. vaudeville.
Lucrèce Borgia, vaudeville 2 a.
Madame Panache, c.-v. 2 actes.
Margot, vaudeville, 1 acte.
Mineurs de Trogolff (les), d. 3 a.
Mont-Bailly, drame, 4 actes.
Marco, comédie en 2 actes.
Misère (la), dr., 5 actes.
Maurice et Madeleine, 3 actes.
Marino Faliero, tragédie, 5 actes.
Marie, comédie, 3 actes.
Mari de la veuve (le), A. Dumas.
Marguerite d'York, dr. 5 actes.
Marguerite de Dumas, idem.
Marguerite, vaudeville, 3 actes.
Mathias l'invalide, c.-v. 2 actes.
Madame et Monsieur Pinchon.
Marcel, drame en 5 actes.
Meunière, drame en 5 actes.
Maîtresse de langues (la), v. 1 a.
Marquise de Senneterre (la).
Mathilde ou la Jalousie, 2 actes.
Monsieur et Madame Galochard.
Murat, drame, 5 actes et 16 tab.
Mari de la dame de chœurs (le).
Marquise de Prétintailles (la).
Madeleine, drame en 5 actes.

Manoir de Montlouviers (le), 5 a.
Main droite et main gauche (la).
Mademoiselle de la Faille, d. 5 a.
Marché de Saint-Pierre (le), 5 a.
Marguerite Fortier, idem.
Maître d'école (le), c.-v. 2 actes.
Mémoires du diable (les), 3 a.
Mille et une nuits (les), 3 a. 16 t.
Moulin des tilleuls (le), 1 acte.
Ma maîtresse et ma femme, 2 a.
Mon parrain de Pontoise, 1 a.
Mercier de la débâtante (la), 3 a.
M. Botibus et sa demoiselle.
Marcelin, drame 5 actes.
Meunière de Marly (la), 1 a.
Monsieur Lafleur.
Naufrage de la Méduse (le), [illegible]
Napoléon Bonaparte, A. Dumas.
Nonne sanglante (la), dr. 5 actes.
Nouveau Juif-Errant (le), 3 actes.
Officier bleu (l'), dr. 5 actes.
Orphelins d'Anvers (les), idem.
Orangerie de Versailles (l'), [illegible]
Ouvrier (l'), 5 actes, F. Soulié.
Parisienne (une), c.-v. 2 actes.
Philippe III, tragédie 3 actes.
Paris au bal, vaudeville [illegible]
Paris dans la comète, 3 actes.
Petite Pierre (la), drame 5 actes.
Paysan des Alpes (le), dr. 5 actes.
Paul Jones, 5 actes, Alex. Dumas.
Pauvre mère, dr. 5 actes.
Père Turlututu (le).
Trois armes de Richelieu (les), [illegible]
Proscrit (le), 5 a. Fréd. Soulié.
Pauvre fille, idem.
Pascal et Chambord, 2 actes.
Paméla Giraud, 5 actes, Bal[zac].
Paul et Virginie, 5 actes.
Paris la nuit, idem.
Paris le bohémien, idem.
Plaine de Grenelle (la), 5 [illegible]
Pensionnaire mariée (la), v. [illegible]
Perruquier de l'empereur (le).
Pierre Lerouge, c.-v. 2 actes.
Pilules du diable (les), f. 18 tab.
Petites misères de la vie humaine.
Petit Tondu (le), 3 a. et 10 t.
Pruneau de Tours, vaud. 1 a.
Pauline, drame en 5 actes.
Pied de mouton (le), féerie.
Prince Eugène et l'Impératrice.
Joséphine (le), dr. 10 tab.
Prussiens en Lorraine (les), [illegible]
Pauline, [illegible]
Paris à cheval, c.-v. 3 a.
Père Tranquelort, vaud. 2 actes.
Quatre coins de Paris (les), [illegible]
Qui se ressemble se gêne, v. [illegible]
Quand l'amour s'en va, v. 1 a.
Renaudin de Caen, com. 2 actes.
Riche et pauvre, drame 5 actes.

L'AME TRANSMISE

DRAME EN CINQ ACTES,

PAR M. J. CHARDON,

DÉCORATIONS NOUVELLES DE MM. ZARRA ET CH. LALOUE,

Musique et Chœurs de M. FÉLIX BOURRET.

REPRÉSENTÉ POUR LA PREMIÈRE FOIS LE 14 DÉCEMBRE 1851. (THÉATRES DE BATIGNOLLES ET DE BELLEVILLE.)

Direction de M. Gaspari.

PARIS,

A LA LIBRAIRIE THÉATRALE, BOULEVARD SAINT-MARTIN, 12,

ANCIENNE MAISON MARCHANT.

1852

DISTRIBUTION DE LA PIÈCE.

PERSONNAGES.	*ACTEURS.* A Batignolles,	à Belleville.
LAS VÉGAS, gentilhomme espagnol, 45 ans........................	MM. BOURGEOIS.	ARTNELL.
LÉONTIO, son fils...................	FRÉDÉRIC,	GILBERT.
OTTAYANO, gentilhomme napolitain, 45 ans........................	DECHAPPE,	DALVILLE.
SALVATOR ROSA, 22 ans....	GASPARI,	GASPARI.
MARCO THÉONA, 40 ans..........	NOAILLES,	CLÉMENT JUST.
SILVIO, élève peintre..............	NEUSTADT,	VILLETTE.
ANIELLO, valet..................	CHARLES,	PHILIPPE.
AMBROSIO, valet.................	MAXIMILIEN,	ALEXIS.
LA GITANA, 20 ans..............	Mmes ÉMILIE CAVALIER,	DEROUET.
STELLINA, fille d'Ottayano.........	ADELINE GUY,	LÉONIE.

SEIGNEURS, DAMES, VILLAGEOIS, VILLAGEOISES, MOINES, CHASSEURS.

La scène se passe aux environs de Naples, en 1745, au 1er et au 2e acte, et en 1767, aux trois derniers actes.

S'adresser au théâtre de Batignolles, pour la musique et les renseignements.

L'AME TRANSMISE.

A M. MERY.

MAITRE,

L'*Ame transmise* est un diamant tombé de votre riche écrin et que j'ai ramassé sous les orangers de Sorrente. S'il est resté quelque peu brillant au sortir de mes mains, c'est qu'il avait été divinement taillé par les vôtres. A vous donc, à vous d'abord tout l'honneur de mon succès, ensuite aux artistes qui ont interprété avec autant de cœur que d'intelligence des créations difficiles et en dehors des types communs; enfin à M. Gaspari qui est parvenu jusqu'à l'impossible en faisant de ses théâtres les rivaux de ceux du boulevard. A tous et à chacun mes remercîments bien sincères, et à vous, maître,

L'hommage du plus obscur de vos admirateurs,

J. CHARDON.

Batignolles, 31 décembre 1851.

ACTE PREMIER.

Le Théâtre représente un jardin riche, avec galerie en terrasse, au fond; la vue du Vésuve au lointain: entrée d'un pavillon à droite. Au lever du rideau les invités forment plusieurs groupes.

SCÈNE PREMIÈRE.

INVITÉS, *puis* LAS VÉGAS.

CHOEUR.

Chantez en chœur, là-bas, sous la feuillée,
Enfants des airs;
Sautez au fond de l'humide vallée,
Hôtes des mers.
En ce moment un amant idolâtre
Couve des yeux,
Divin trésor, la vierge au front d'albâtre,
Aux noirs cheveux.

LAS VÉGAS. Je vous en prie, mes jeunes amis, continuez vos chants et vos danses, et que, loin de les troubler, ma présence vous encourage; je veux que tout ici respire le plaisir et le bonheur; grâce à vous, cette fête sera complète, car le plaisir, je le vois dans vos yeux, et le bonheur je le sens dans mon cœur, en faisant celui de mon fils bien-aimé.

UN INVITÉ. Monsieur le comte, nous n'avons point encore salué l'heureux Léontio.

LAS VÉGAS. Mon fils vient d'être informé de votre arrivée; je l'ai devancé de quelques instants auprès de vous, mais il va vous présenter lui-même sa charmante épouse et se mêler à vos jeux. Comme moi, il est reconnaissant de votre joyeuse venue, et je veux lui laisser l'honneur de vous offrir ses remercîments, car Léontio est le héros de cette fête, et je dois, pour aujourd'hui, lui céder mes droits et priviléges.

L'INVITÉ. Les voilà! je les aperçois dans l'avenue; voyez comme Léontio s'avance fier et superbe.

UNE JEUNE FILLE. Et comme Stellina, modeste et gracieuse, s'appuie doucement au bras de son jeune époux.

TOUS. Les voilà.

SCÈNE II.

LES MÊMES, LÉONTIO, STELLINA, AMBROSIO, ANIELLO.

LÉONTIO. Mes amis, au nom de mon père et au mien, merci à vous tous d'avoir assisté à mon mariage et d'embellir encore ce beau jour. Je vous présente Stellina d'Ottayano, mon amie d'enfance, ma fiancée hier, et aujourd'hui ma femme, ma femme adorée.

UN INVITÉ. A Léontio de Las Végas de longs jours et un bonheur sans mélange !

LÉONTIO. Nos jours sont comptés là-haut; quant à mon bonheur, (*montrant Stellina*) le voilà ; et si chacun de vous me garde son amitié, je n'aurai aucune faveur à demander au ciel.

UNE JEUNE FILLE. A Stellina d'Ottayano toute la joie et tout le bonheur que méritent ses vertus.

STELLINA. Mes bonnes amies, je vous ai aperçues dans la chapelle. Merci à vous toutes de vos souhaits et de vos prières. Puisse le ciel vous rendre toutes les bénédictions que vous avez demandées pour moi, et puisse la madone accorder à chacune de vous le fiancé que son cœur espère, et un époux bon et tendrement aimé, comme le mien.

LÉONTIO. Et maintenant, amis, pour abréger les heures du jour, et combattre l'ardeur du soleil, venez avec nous sous les bosquets d'orangers ; nous avons des ombrages frais et parfumés, des sorbets à la glace et des mandolines aux accords enivrants ; les barques se balancent, amarrées au rivage, et la brise caressante fait enfler les voiles. Ambrosio, ce soir, pendant la fête, ouvre à tous les paysans d'alentour les portes du château ; dis-leur que Léontio les convie à sa noce, et veut voir autour de lui la joie sur tous les visages.

AMBROSIO. Oui, monseigneur.

STELLINA, *prenant sa bourse*. Mon ami, cet or est bien à moi, n'est-ce pas?

LÉONTIO. Sans doute, et vous pouvez en disposer selon votre bon plaisir.

STELLINA. Aniello, je n'ai pu visiter mes pauvres aujourd'hui, prends cette bourse et va sous le chaume trouver les orphelins qui pleurent et les vieillards qui souffrent ; tâche, pour aujourd'hui, d'adoucir leur misère et de sécher leurs larmes ; dis-leur que l'épouse de Léontio leur continuera les soins de Stellina d'Ottayano; dis-leur que je les supplie, eux les bien-aimés du Seigneur, d'élever leurs prières vers le ciel, afin que le ciel daigne bénir cette union déjà bénie sur la terre. Va, et sème cet or. Donner aux pauvres, c'est prêter à Dieu.

ANIELLO. Merci pour eux, ma bonne maîtresse.

LÉONTIO. O ma Stellina, vous avez toutes les vertus. (*Reprise du chœur. — Tous sortent excepté Las Végas.*)

SCENE III.

LAS VÉGAS, OTTAYANO, *puis* AMBROSIO.

OTTAYANO. Eh bien, comte, vous ne venez pas? que faites-vous donc là ?

LAS VÉGAS. Je regarde, j'écoute et j'admire. Voyez donc, mon cher duc, cette troupe folâtre, et comme nos jeunes seigneurs semblent envier le bonheur de mon fils.

OTTAYANO. Oui, et cependant ces belles Napolitaines qui les entourent méritent bien aussi de fixer leurs regards.

LAS VÉGAS. Sans doute. Mais Léontio est le roi de la fête, et Stellina est belle entre toutes les belles. Ce matin, par un caprice du meilleur goût, elle avait combiné les parures nuptiales de Naples, son pays, et de Madrid, ma patrie : les fleurs de l'oranger avaient semé leurs blanches étoiles sur son front, et la résille espagnole emprisonnait sa noire chevelure. Vrai Dieu ! elle était belle à faire damner un saint.

OTTAYANO. J'aurais voulu voir à ses oreilles et à son cou ces diamants que sa mère lui destinait, et qu'on a volés chez moi.

LAS VÉGAS. Bah ! ils eussent ajouté un peu d'éclat à sa parure, mais rien à sa beauté. La nature n'a-t-elle point fait assez pour elle? D'ailleurs, vous l'avez vue, la charmante enfant, bien plus occupée des autres que d'elle-même, et quand hier vous lui avez annoncé le vol dont vous étiez victime, elle a demandé à son fiancé s'il la trouverait moins jolie; un regard d'amour a été la réponse de mon fils, et Stellina s'en est allée cacher sa rougeur dans le sein de sa mère et lui donner un baiser, qui, je crois, était un peu à l'adresse de Léontio.

OTTAYANO, *riant*. Oui, je le crois aussi; chers enfants! Mais ma femme s'est consolée moins facilement.

LAS VÉGAS. Ces diamants perdus peuvent se retrouver; n'en disons rien pour ne point ébruiter cette affaire et gâter le plaisir de nos jeunes gens. Et puis, tout n'est pas désespéré; votre femme et la mienne viennent de monter en voiture pour se rendre chez le chef de la police dont la villa est près d'ici; justement il est à la campagne en ce moment; c'est un fort habile homme, et s'il retrouve rarement les objets volés, il découvre souvent les voleurs, et se donne le plaisir de les faire pendre, c'est toujours une satisfaction.

OTTAYANO. Comment! ces dames sont allées elles-mêmes?... un jour comme celui-ci... (*Ambrosio entre.*)

LAS VÉGAS. Dans une heure elles seront de retour. Qu'est-ce, Ambrosio?

AMBROSIO. Monseigneur, faut-il préparer les illuminations?

LAS VÉGAS. Oui, n'épargnez rien, je veux que cette fête soit brillante, que toujours on en garde le souvenir dans la contrée, et s'il était possible que le Vésuve, dont on aperçoit d'ici le sommet fumant, y assistât dans tout son éclat, je l'y convierais volontiers. (*Ambrosio sort.*)

OTTAYANO. Vive Dieu, mon cher comte, jamais je ne vous ai vu si magnifique et si décidé!

LAS VÉGAS. C'est que je suis bien heureux du bonheur de mon fils, qui va devenir le vôtre, comme votre fille sera désormais la mienne.

OTTAYANO. Tenez, voilà une parole dont j'avais besoin, et qui me fait grand bien.

LAS VÉGAS. Comment! douteriez-vous de mes sentiments?

OTTAYANO. Non, je sais que vous êtes aussi bon père que digne gentilhomme. Mais, ce matin, quand ma fille, chaste et pieuse enfant, s'est présentée à vous parée de ses plus beaux atours, vous l'avez regardée avec des yeux étranges...

LAS VÉGAS. Moi?

OTTAYANO. Puis, en déposant un baiser sur son front, vous avez pâli et tremblé.

LAS VÉGAS. Vous vous trompez...

OTTAYANO. Comme en ce moment vous pâlissez encore. Alors j'ai éprouvé, je l'avoue, un sentiment pénible et que j'ai vainement essayé de définir.

LAS VÉGAS. Je ne chercherai point à feindre avec vous, mon ami, et ne laisserai point un doute inquiet dans votre esprit. Oui, ce matin, j'ai été profondément troublé: la vue de cette fiancée si noble et si pure m'a rappelé une autre fiancée, belle et pure comme celle-ci, et que des infâmes ont lâchement... Tenez, duc, vous m'avez surpris parfois soucieux et mélancolique, et vous avez eu la discrétion de me plaindre sans m'interroger. Eh bien! soyez généreux jusqu'au bout. J'ai eu dans ma vie une mauvaise heure, une seule, je l'expie; mais, de grâce, ne me forcez point à rougir devant vous par un aveu...

OTTAYANO. Vous m'effrayez, et je ne sais...

LAS VÉGAS. Oh! rassurez-vous, je n'ai point blessé ce qu'on est convenu d'appeler l'honneur.

OTTAYANO. Alors, il s'agit donc de quelque folie de jeunesse?

LAS VÉGAS. La jeunesse, vous le savez, est très-indulgente pour elle-même, et l'on appelle folie à vingt ans ce que plus tard on appellerait crime; eh bien! c'est une folie de cette nature qui m'a fait quitter Madrid et venir ici chercher le calme et l'oubli. Le calme, je l'ai trouvé, grâce à vous, mon ami; mais l'oubli n'est pas venu, et ce matin le souvenir s'est réveillé plus menaçant et plus terrible. J'ai toujours ignoré les suites de ma faute et jusqu'à quel point je fus coupable; mais enfin, je tremble parfois qu'une vengeance aveugle ne me frappe dans mon fils; aussi je désirais et je redoutais le jour de son mariage; j'avais peur que le ciel ne se souvînt de moi.

OTTAYANO. Que craignez-vous?

LAS VÉGAS. Rien à présent. L'innocence de mon fils et les vertus de votre fille auront désarmé le courroux céleste et obtenu mon pardon là-haut. Moi-même je tâcherai d'étouffer mes souvenirs et d'atténuer des torts que j'exagère peut-être.

OTTAYANO. Je le crois, et malgré le sens mystérieux de vos paroles, je vous plains, et désormais je respecterai...

LAS VÉGAS. Je vous dirai tout plus tard, bientôt; je vous dois toute ma confiance en échange de votre amitié. Mais il ne faut pas qu'un seul nuage ternisse un si beau jour. Soyons heureux du bonheur de nos enfants. (*Ils se prennent la main.*)

AMBROSIO, *paraissant*. Monseigneur, on vient d'apporter au château les portraits des jeunes époux. Faut-il les faire placer dans le grand salon ?

LAS VÉGAS. Non... qu'on les attache ici dans ce pavillon que j'ai fait décorer tout exprès pour ces chers enfants... (*Ambrosio sort.*) C'est là qu'ils viendront souvent chercher la solitude pour leurs doux entretiens; je veux qu'ils aient sous les yeux un souvenir qui leur rappelle sans cesse le plus beau jour de leur vie.

OTTAYANO. Il me tarde d'admirer ces deux chefs-d'œuvre.

LAS VÉGAS. En effet, vous ne les avez pas vus. Moi, j'ai été moins patient que vous. (*A Ambrosio qui reparaît.*) Qui donc a apporté ces toiles?

AMBROSIO. Monseigneur, c'est un grand garçon qui paraît aussi plat de la bourse que du ventre, mais campé sur la hanche comme un hidalgo et fier comme un sultan.

OTTAYANO. Ah! voici les portraits! (*Deux laquais traversent la scène et entrent dans le pavillon.*) Vous permettez...

LAS VÉGAS. A votre aise. Moi, je vais recevoir notre jeune artiste.

AMBROSIO. C'est inutile, monseigneur, le voilà qui vient par ici. (*Il sort.*)

SCENE IV.

LAS VÉGAS, SALVATOR ROSA.

SALVATOR. Excusez-moi, monsieur le comte, si j'ai pénétré jusqu'ici, mais je tenais à remplir ma mission jusqu'au bout.

LAS VÉGAS. J'allais à votre rencontre, monsieur, et je vous prie à votre retour à Naples, de présenter mes humbles civilités à l'illustre Falcone.

SALVATOR. Je n'y manquerai pas, monseigneur.

LAS VÉGAS. Je lui sais gré de m'avoir envoyé un jeune compagnon d'aussi haute mine et d'aussi bonne tournure.

SALVATOR. Merci pour ma tournure, monsieur le comte; quant à ma mine elle doit être un peu bouleversée en ce moment.

LAS VÉGAS. Vous êtes élève de Falcone?

SALVATOR. J'ai cet honneur et le maître a daigné me laisser toucher à ces toiles.

LAS VÉGAS. Plusieurs fois j'ai visité l'atetier de Falcone et je ne crois pas vous y avoir vu.

SALVATOR. J'y viens pourtant, monseigneur. (*A part.*) Très-rarement. (*Haut.*) Je saisis avec ardeur les préceptes du maître, j'étudie sa manière, puis je me retire pour travailler seul, car à mon sens, le séjour de l'atelier est pernicieux; on s'habitue à la plate imitation, on se traîne dans un servilisme impuissant, sans jamais atteindre aux qualités du maître on exagère ses défauts.

LAS VÉGAS. C'est assez vrai.

SALVATOR. La servilité est chose honteuse, indigne d'un homme de cœur. Ce qu'il faut à l'artiste, c'est l'indépendance dans le caractère, la liberté au grand air pour étudier la nature, surprendre ses secrets, traduire son texte mystérieux; c'est courir sur la montagne, contempler la mer qui bondit furieuse sous l'aiguillon du vent, et qui se calme, le soir, quand le soleil tamise ses rayons d'or à travers les pins du Pausilippe et illumine de ses reflets les coteaux de Sorrente et de Capri; ce qu'il faut à l'artiste, c'est assister aux grandes batailles, au choc des éléments et des hommes; c'est gravir le Vésuve quand le volcan lance au loin le bitume et la lave, et fait trembler le sol par ses détonations. En présence de ces grandes scènes, dont Dieu est l'ordonnateur, l'artiste se découvre, tout frémissant de respect et d'émotion, car pour lui le voile de l'infini se déchire, et comme Moïse, il entrevoit Jéhova dans toute sa puissance et dans sa majesté.

LAS VÉGAS. Quel langage et quel feu! Mon ami, quel est votre nom?

SALVATOR. Je n'en ai point encore, monseigneur.

LAS VÉGAS. Mais enfin, on vous appelle?...

SALVATOR. On m'appelle Salvator Rosa.

LAS VÉGAS. Un beau nom, ma foi! et plus tard, un grand nom, j'en suis sûr.

SALVATOR. Je ne demande pas mieux, monseigneur; je suis déjà connu avantageusement de messieurs les brocanteurs qui étalent tous les jours mes tableaux sans en vendre un seul, et pourtant...

LAS VÉGAS. Bah! il faut bien commencer...

SALVATOR. Oui, mais il y a des commencements qui durent toujours...

LAS VÉGAS. Espérez mieux, mon jeune ami, vous avez l'exemple des grands maîtres, ils ont tous débuté comme vous, moins heureusement peut-être.

SALVATOR. Et comment finissent-ils pour la plupart?...

LAS VÉGAS. Ils ont du moins la gloire de la lutte. Auriez-vous peur du combat?

SALVATOR. Non, par saint Jean, je le désire et l'appelle. Je voudrais briser les idoles du jour, les Bernini à Rome, les Ribeira à Naples. Je voudrais venger le Dominiquin, Guido Reni, et le grand Annibal Carrache, notre maître à tous.

LAS VÉGAS. Voyez les coteries se consumer et s'éteindre, et laissez au temps le soin de consacrer le vrai talent. Croyez-moi, ménagez un peu les puissants du jour.

SALVATOR. J'ai deux grands défauts, monseigneur, c'est de dire tout haut ce que je pense et de me tenir très-droit.

LAS VÉGAS, *souriant.* Tâchez de parler bas et d'avoir l'échine un peu flexible. Il faut se corriger de ses défauts.

SALVATOR. Je crains bien de mourir dans l'impénitence finale.

SCÈNE V.

LES MÊMES, OTTAYANO.

OTTAYANO. En vérité, ces portraits sont d'une ressemblance frappante. A force de les contempler, je croyais les voir remuer et prêts à descendre de leurs cadres. (*A Salvator.*) Vous ferez mes compliments bien sincères à mon ami Falcone.

LAS VÉGAS. J'aurais voulu vous présenter à mon fils, car il est grand amateur de peinture; il manie même fort agréablement le pinceau.

SALVATOR. Je le sais, monsieur le comte, il serait artiste s'il n'était grand seigneur.

OTTAYANO. L'un n'empêche pas l'autre.

LAS VÉGAS. On voit, de nos jours, les artistes devenir de grands seigneurs, on peut voir un grand seigneur devenir artiste.

SALVATOR. Franchement, cela me paraît plus difficile. Raphaël et Michel-Ange auraient fait, certes, de nobles gentilshommes; mais avec tous les gentilshommes du monde, on ne ferait ni un Raphaël, ni un Michel-Ange.

LAS VÉGAS. Vous avez une haute idée de l'art!

SALVATOR. Très-haute, monseigneur, je le fais remonter jusqu'à Dieu.

OTTAYANO. Travaillez, jeune homme, frottez de la toile et vous arriverez.

LAS VÉGAS. En attendant, maître Rosa, je vous garde au château; on dansera ce soir, et comme à votre âge on aime le plaisir....

SALVATOR. Je suis sensible à cette gracieuse invitation, mais, vous le voyez, je ne suis point en habit de cérémonie; et puis, je vous l'ai dit en entrant, je suis un peu bouleversé.

OTTAYANO. Qu'est-ce donc?

SALVATOR. Il m'est arrivé, en venant ici, une aventure étrange, mystérieuse.

LAS VÉGAS, OTTAYANO. Une aventure?

SALVATOR. A un mille du château, je rencontrai un de mes amis, un pêcheur d'Amalfi, pauvre diable comme moi, qui s'en revenait les filets sur l'épaule, ne rapportant que la fatigue et le découragement à sa famille qui attend de lui son pain de chaque jour. Nous nous assîmes sur un monticule au bord de la mer, et, après quelques paroles échangées, nous tombâmes dans une profonde rêverie; seulement, tandis qu'il était absorbé dans une pensée unique, et que son regard d'aigle s'attachait obstinément sur Naples, moi, je laissais errer ma pensée à l'aventure, et mes regards voltiger du ciel à la mer, des coteaux à la plaine. Tout à coup un bruit confus de voix arrive jusqu'à nous, je crois entendre appeler au secours; je me lève et j'aperçois derrière un rocher une bande de Bohémiens maltraitant une femme.

LAS VÉGAS. Une femme de ce pays?

SALVATOR. Non, une des leurs ; je m'élance sur ces misérables, ma rapière les perce et les disperse, et tandis qu'ils fuyaient en hurlant, je ramène auprès de mon ami la pauvre gitana étonnée et tremblante.

OTTAYANO. Maître Salvator, vous êtes bien nommé.

SALVATOR. Mazaniello (c'est le nom de mon ami) était resté à la même place, sans rien voir, sans rien entendre; la gitana le regarde fixement, et comme si elle eût pu lire à travers son front comme dans un livre ouvert : « Fou! pauvre fou, lui dit-elle, tu oses rêver l'affranchissement de ton pays, toi, un simple pêcheur. Écoute, tu seras le vainqueur du duc d'Arcos, tu porteras la couronne et le manteau royal! Mazaniello, tu seras roi. » Elle se tut ; lui écoutait encore, et son visage, en ce moment, était transfiguré comme celui d'un martyr.

LAS VÉGAS. Que pensez-vous de cela, maître Rosa?

SALVATOR. Je pense, monseigneur, que Dieu touche de son doigt le front de certains hommes pour en faire jaillir l'étoile du génie ; je pense que cette étoile brille aux yeux de quelques privilégiés avant d'apparaître au commun des mortels.

LAS VÉGAS. Allons, voilà le duc d'Arcos détrôné par Mazaniello le pêcheur. L'aventure est fort drôle, et vous avez dû bien en rire tous les deux.

SALVATOR, *sérieusement*. Oui, monseigneur, nous en rîmes beaucoup, et lorsqu'il me quitta pour regagner Amalfi, je sentis sa main trembler dans la mienne, et il put voir deux grosses larmes couler sur mon visage.

LAS VÉGAS. Comment! vous, un garçon d'esprit.

SALVATOR. Que voulez-vous, monsieur le comte, l'amitié est prompte à s'alarmer, et je suis l'ami de Mazaniello.

OTTAYANO. Allons, mon jeune compagnon, oubliez cette prédiction à laquelle vous ne pouvez croire, et venez partager les plaisirs de nos invités. Par saint Janvier, je m'étonne que vous ayez trouvé des larmes dans ces yeux-là.

SALVATOR. Elles sortaient par mes yeux, mais elles venaient de mon cœur, monsieur le duc.

LAS VÉGAS. Et votre Gitana, que devint-elle?

SALVATOR. Elle me suivit comme une chèvre, sautant et folâtrant comme si rien ne se fût passé. Je compte l'emmener à Naples et la faire poser pour ma Sibylle de Cumes. En attendant, je l'ai confiée à vos laquais jusqu'à mon départ.

OTTAYANO. Eh! mais, ce sera un spectacle de plus, elle nous dira la bonne aventure.

LAS VÉGAS. Si elle n'est pas mieux avisée qu'avec le pêcheur, ce sera peu amusant.

SALVATOR. J'espère qu'elle sera mieux inspirée et surtout plus gaie que tantôt.

SCENE VI.

LES MÊMES, LA GITANA.

LA GITANA, *entrant*. Tu pourras en juger par toi-même.

OTTAYANO. Ma foi, je me dévoue le premier ; voyons, regarde-moi bien et dis-moi mon passé, mon présent, mon avenir.

LA GITANA. Ton passé, c'est ta fille; ton présent, encore ta fille; ton avenir, toujours ta fille.

OTTAYANO. C'est vrai....

LAS VÉGAS. Et très-flatteur pour un père.

SALVATOR. C'est court, mais c'est bien.

LA GITANA. Toi qui m'as sauvée et que j'ai suivi, veux-tu savoir ta destinée?

SALVATOR. Hélas! je ne la sais que trop, et sans être sorcier pour cela. Allons, promets-moi de beaux châteaux, ne fût-ce qu'en Espagne, et de la gloire, ne fût-ce qu'en songe.

LA GITANA. On a voulu faire de toi un théologien, et tandis que les bons pères te croyaient absorbé par l'étude, tu charbonnais sur les murs de ta cellule les dessins les plus bizarres.

SALVATOR. Aïe! quels souvenirs cuisants tu me rappelles!

LA GITANA. Sorti du couvent, tu voulus vivre dans l'indépendance; tu es un peu poëte.

SALVATOR. Oui, je fais des vers le matin

et je les récite le soir pour m'endormir, cela me réussit fort bien.

LA GITANA. Tu es musicien.

SALVATOR. Quand je m'ennuie et que j'ai faim, je joue du luth pour me distraire et me nourrir. Cela me réussit moins bien que les vers.

LA GITANA. Enfin tu es peintre; tu vois que je te connais.

SALVATOR. Jusque-là c'est exact.

LA GITANA. Tu es entré dans le monde par la mauvaise porte.

SALVATOR. J'en ai peur.

LA GITANA. Tu aimes la liberté, l'indépendance; tu dédaignes la routine, les sentiers battus, et tu veux te frayer un passage seul et sans secours.

SALVATOR. Le fort marche seul comme le lion. Je veux marcher seul comme Michel-Ange.

LA GITANA. Tu auras de grandes luttes à soutenir.

SALVATOR. J'y suis préparé.

LA GITANA. Des ennemis acharnés.

SALVATOR. Signe de ma force.

LA GITANA. Des envieux.

SALVATOR. Signe de mon talent.

LA GITANA. De la persécution.

SALVATOR. C'est la couronne du génie.

LA GITANA. Prends garde, elle perce et déchire.

SALVATOR. Elle donne la gloire, et l'immortalité. Oui, j'accepte la couronne d'épines, dût-elle enfoncer mille dards aigus dans ma tête et labourer mon front saignant.

LA GITANA. Tu triompheras de l'envie et de la méchanceté.

SALVATOR. Je l'espère pardieu bien.

LA GITANA. Enfin, après la gloire, viendra la fortune.

SALVATOR. Aïe ! Tu renverses mon château ; c'était si bien jusque-là ; mais la fortune, la fortune à moi ! n'importe, cela ne coûte pas davantage, et je te remercie de l'intention, je vois que tu paies largement le service que je t'ai rendu.

LA GITANA, *au Comte*. Et toi, comte de Las Végas, ne veux-tu rien savoir ?

LAS VÉGAS. Pauvre Gitana ! Que pourrais-tu me dire à moi ? me prédire une existence longue et heureuse ?

LA GITANA. Une longue vie n'est pas toujours un bienfait.

LAS VÉGAS. Ceux de ta race lisent l'avenir dans le creux de la main, et s'ils y voient une pièce d'or, l'avenir leur apparaît bien plus brillant. Tiens, Gitana, profite de cette aubaine ; c'est aujourd'hui fête au château de Las Végas.

SALVATOR. Ah ! monseigneur, que de belles choses elle va vous prédire, vous en aurez pour votre argent. (*Il remonte la scène avec Ottayano.*)

LA GITANA. Garde cet or, dont je n'ai que faire et retire ta main que je ne veux pas toucher. C'est sur le front que je lis, parce que c'est au front que s'impriment les pensées et les passions des hommes.

LAS VÉGAS. Eh bien ! parle, je t'écoute, et je ne crois pas...

LA GITANA. Comte de Las Végas, dans les plis de ton front je cherche à lire un nom qui s'y dessine vaguement... Un nom de femme. (*Il tressaille.*) Bien, tu me viens en aide, oui... je vois, les lignes se touchent et s'entrelacent.. je lis *Térésita*... (*Il frissonne et recule.*) Oui... ton passé s'appelle Térésita.

LAS VÉGAS. Misérable ! que veux-tu dire ?

LA GITANA. Ton présent s'appelle le remords.

LAS VÉGAS. Assez...

LA GITANA. Et ton avenir s'appelle...

LAS VÉGAS. Assez !... assez !...

SALVATOR, *redescendant*. Eh bien ! monsieur le comte, êtes-vous content de ma sorcière ?

LAS VÉGAS. Enchanté... Oui...

SALVATOR. En effet, vous paraissez satisfait.

LAS VÉGAS, *à part*. Quelle est cette fille, et que sait-elle ?

SCENE VII.

LES MÊMES, LÉONTIO, STELLINA, *suivis* D'ANIELLO, *puis les* INVITÉS. (*Chœur d'ouverture.*)

LÉONTIO. Puisque nous voilà tous réunis... Mais que vois-je? Maître Rosa, le disciple indiscipliné de Falcone. (*Salvator salue.*)

Vous direz au maître que je suis resté en extase devant ses deux toiles; le portrait de Stellina surtout suffirait pour immortaliser le talent de Falcone.

SALVATOR. Ne pouvant atteindre aux perfections du modèle, il a dû se résigner à faire un chef-d'œuvre. Mais, pardon, il y a sur la toile une parure...

LÉONTIO. Que vous ne voyez point briller au cou de ma fiancée; hélas! on l'a dérobée avec une audace et une adresse.

LAS VÉGAS. Nous la remplacerons...

OTTAYANO. Une si belle parure!

SALVATOR. Quiconque vous ferait retrouver ces bijoux ferait certes un joli cadeau de noces aux époux, n'est-ce pas?

OTTAYANO. Est-ce que vous espérez?...

SALVATOR. Pourquoi pas?

LÉONTIO. Comment?

SALVATOR, *montrant la Gitana.* Cette pauvre fille est une gitana que j'ai sauvée des griffes des Bohémiens, elle est quelque peu sorcière et lit dans le passé et dans l'avenir, demandez plutôt à M. le comte; eh bien, moi qui l'ai sauvée, je suis plus sorcier qu'elle, et me voilà au mieux avec le diable.

STELLINA, *à part.* Pauvre fille!

LÉONTIO. Ce soir, elle nous divertira par ses récits, mais en ce moment la danse nous réclame, et nos invités préfèrent le plaisir du moment aux prophéties des gitanas. Maître Rosa, envoyez votre protégée à l'office et recommandez-lui de distraire nos serviteurs.

STELLINA. Non; Aniello, je la place sous ta sauvegarde; veille à ce qu'elle ne manque de rien, et surtout qu'on ne lui jette ni l'insulte ni la raillerie. Allez, pauvre fille, il ne vous sera point fait de mal... Comme vous me regardez!

LA GITANA. Pardonnez-moi d'oser élever mes regards jusqu'à vous; mais je vous contemple et vous admire, jamais plus belle âme ne s'est reflétée sur un plus beau visage, et jamais une voix plus douce n'a consolé le malheur; merci de votre compassion pour la gitana et que Dieu bénisse votre mariage.

SALVATOR. Toi qui sais l'avenir, tu peux prédire ici la joie et le bonheur; l'occasion est belle et la prédiction est facile.

LÉONTIO. En effet.

LA GITANA. Non... ne m'interrogez pas.

LÉONTIO. Pourquoi?

LA GITANA. Parce que l'astre du jour s'est levé pur et radieux à l'Orient et va descendre à l'Occident sur un noir linceul; parce que l'oiseau des ténèbres plane sur cette demeure; parce que j'ai vu deux cygnes blancs se balancer sur la vague et s'envoler ensemble, puis monter là-haut, bien haut, toujours ensemble.

LAS VÉGAS. Allons, trêve aux folles visions et laisse-nous, bohémienne. Maître Rosa, vous emmènerez cette fille, n'est-ce pas?

SALVATOR. Oui, monseigneur. (*Le mendiant paraît au fond, traverse le théâtre. La Gitana le voit et pousse un cri.*)

TOUS. Qu'y a-t-il?

LA GITANA. Rien... rien...

LAS VÉGAS. Va-t'en, bohémienne... va-t'en.

LÉONTIO. Et nous, mes amis, continuons la fête. (*Reprise du chant, sortie générale.*)

LA GITANA, *au milieu de la terrasse* Oh! je veillerai sur eux.

FIN DU PREMIER ACTE.

ACTE DEUXIÈME.

Même décor. Au premier plan, à droite, un pavillon occupant le tiers de la scène ; portes latérales ; les deux portraits, canapé, guéridon draperie, flottante au fond, cachant une alcôve à gauche, un berceau et un banc. Il fait nuit ; illuminations.

SCENE PREMIÈRE.

AMBROSIO, ANIELLO et PLUSIEURS VALETS.

ANIELLO, *aux valets.* Étendez ces guirlandes et allumez toutes les lanternes, afin qu'il n'y ait point un seul recoin dans l'obscurité, le maître veut qu'on voie clair partout.

AMBROSIO. Quelle idée, puisqu'on danse là-bas, on ne viendra plus par ici.

ANIELLO. Au contraire, le jeune vicomte m'a bien recommandé d'éclairer son petit pavillon et d'y apporter des rafraîchissements; j'ai suivi ses ordres, et puis on est convenu de venir ici et de donner la sérénade aux jeunes époux, tandis qu'ils se croiront bien seuls et loin de toute la noce.

AMBROSIO. Ah! c'est différent; alors, arrangeons, guirlandons et illuminons. J'espère que voilà une noce dont on parlera un peu depuis l'Annonciade jusqu'à Sorrente : que de monde, quelle profusion et quelle gaieté! Et ces villageois, ils boivent, ils mangent, ils chantent absolument comme des personnes naturelles.

ANIELLO. Ils sont joyeux parce qu'ils comprennent la joie et le bonheur de nos maîtres. Le comte de Las Végas est si puissant, et la famille d'Ottayano si vénérée dans cette campagne! ils ont semé tant de bienfaits, il est bien juste qu'ils recueillent aujourd'hui les bénédictions de leurs obligés; et j'en suis sûr, c'est un concert plus doux au cœur de la jeune mariée que la musique des mandolines.

AMBROSIO. C'est vrai qu'elle est aussi bonne que belle, et que le jeune vicomte est aussi bon qu'il est beau cavalier. Ah! ils seront heureux ceux-là!

ANIELLO. Que le ciel t'entende.

AMBROSIO. Ils ont tout pour être heureux. Je comprends qu'on se marie quand on est beau, riche, mais autrement ne m'en parlez pas; c'est drôle, jamais je ne peux voir un mariage sans envier la place du marié, moi.

ANIELLO. Eh bien, marie-toi!

AMBROSIO. L'idée m'en vient quand je vois la couronne virginale, mais ça se passe après; et puis une fois en ménage on n'est pas toujours à la noce. D'ailleurs, tantôt la bohémienne a regardé mon front et elle a dit que si je me mariais...

ANIELLO. Allons, finissons notre ouvrage et décampons.

AMBROSIO. C'est égal, si je me marie, je tâcherai d'écarter la jettatura et le mauvais œil.

ANIELLO. Bah! la jettatura... des bêtises.

AMBROSIO. Comment des bêtises! tu ne crois pas à la jettatura ni au mauvais œil?

ANIELLO. Ma foi non!

AMBROSIO. Eh bien, tu es superstitieux toi, par exemple; moi, j'y crois comme au macaroni.

SCÈNE II.

LES MÊMES, OTTAYANO, SALVATOR.

OTTAYANO. C'est bien, mes amis, vous avez assez fait aujourd'hui, allez vous reposer ou vous distraire.

AMBROSIO. Volontiers, monseigneur. (*Ils sortent.*)

OTTAYANO. Je croyais trouver le comte par ici; depuis tantôt il a l'air préoccupé.

SALVATOR. En effet, j'ai remarqué... mais ce n'est pas étonnant, un jour comme celui-ci est un jour d'inquiétude pour un père.

OTTAYANO. Et que dirai-je donc, moi, qui

vais me séparer de ma fille, de ma Stellina chérie, une enfant que j'ai élevée avec tant de soins, à qui je donnais le baiser du matin et celui du soir.

SALVATOR. L'amour de son mari lui tiendra lieu de tout; elle doit reporter sur lui toutes ses affections, c'est une loi de la nature.

OTTAYANO. Oui, mais cette pensée est bien cruelle pour un père.... marier sa fille, c'est la perdre. Chère enfant, pourvu qu'elle soit heureuse!

SALVATOR. Ah! monsieur le duc, si elle ne l'était pas, il faudrait désespérer de la justice des hommes et de la bonté de Dieu. (*On entend appeler.*)

OTTAYANO. Qu'entends-je? on dirait la voix de ma fille.

SCÈNE III.

LES MÊMES, LÉONTIO, STELLINA.

STELLINA. Ah! vous voilà, mon père.

OTTAYANO. Qu'y a-t-il donc, mes enfants?

LÉONTIO. Si vous saviez...

STELLINA. Mes diamants sont retrouvés.

OTTAYANO *et* SALVATOR. Comment!..

LÉONTIO. Pas encore, mais ils le seront, j'espère. Tout à l'heure, au milieu d'un groupe, on raillait la gitana et l'on mettait sa puissance au défi; elle soutenait la lutte avec assez d'esprit et de sang-froid, quand un de mes amis lui dit : On a volé la parure de la mariée, eh bien, toi qui sais tout, dis-nous quels sont les voleurs et fais-nous retrouver ces diamants.

OTTAYANO. Quelle folie!

SALVATOR. Attendez!

LÉONTIO. Elle hésita un instant, puis elle finit par avouer que deux bohémiens avaient pénétré dans le château tandis que les autres faisaient le guet, et avaient emporté l'écrin qu'ils comptaient se partager entre eux.

STELLINA. Elle ajouta que dans la crainte d'être poursuivis et arrêtés ils l'avaient enterré au pied d'un arbre et devaient revenir le prendre cette nuit. Elle avait ignoré ce vol, et quand elle le connut, elle menaça les bandits de les dénoncer à la police de Naples. Alors grand effroi parmi la bande; prières et menaces, on employa tout pour acheter son silence, mais elle demeura inflexible.

OTTAYANO. Cela est peu probable.

SALVATOR. Cependant, c'est possible.

LÉONTIO. Craignant ses révélations, les misérables résolurent de la pendre à un arbre, et ils allaient mettre cet horrible projet à exécution, quand vous fûtes attiré par ses cris, maître Rosa.

SALVATOR. Et je lui épargnai le désagrément en question. Par saint Jean, je suis fier de mon exploit, bien qu'il ne s'agisse que d'une simple gitana; mais n'importe, une gitana est une femme, du moins cela y ressemble beaucoup, celle-là surtout qui a des yeux...

OTTAYANO. Où est-elle en ce moment?

LEONTIO. A la porte du château, disposée à courir pour devancer les bandits et tâcher de rapporter cet écrin qu'elle sait maintenant nous appartenir.

OTTAYANO. Je vais la faire accompagner par plusieurs valets armés, pour la punir si elle nous trompe, pour la défendre si on l'attaque.

STELLINA. De grâce, mon père, veillez à ce qu'il ne lui arrive rien de fâcheux : son langage paraît sincère; et d'ailleurs, elle est si malheureuse.

SALVATOR. Monsieur le duc, je suis obligé de retourner à Naples par la barque de Sorrente, qui doit relâcher dans la baie voisine. J'ose réclamer de vous l'hospitalité pour ma protégée.

STELLINA. On aura soin d'elle, je m'en charge.

SALVATOR. Et demain veuillez l'envoyer à Naples.

OTTAYANO. C'est convenu, je l'adresserai à l'atelier de Falcone.

SALVATOR. Non pas, on me la volerait! un modèle superbe! Je veux qu'elle pose pour mon Agar dans le désert, elle a de la fierté dans le regard, de la dignité dans le maintien, et la tête bien attachée sur les épaules.

OTTAYANO. Alors elle ira directement chez vous?

SALVATOR, *hésitant*. Chez moi...

LÉONTIO. Indiquez-nous votre hôtel?

SALVATOR. Mon hôtel... vous voulez savoir...

LÉONTIO. Sans doute, d'ailleurs je désire vous rendre la visite que vous m'avez faite aujourd'hui.

SALVATOR. Et bien, monseigneur, je demeure place *Del Mercato*, hôtel du Grand-Air, à l'enseigne de la Belle-Etoile ; j'ai pour logis la place tout entière, pour lit de repos un banc de pierre près de la fontaine, et pour baldaquin la voûte des cieux azurée et parsemée d'étoiles. J'ai ma boîte pour oreiller, mon luth pour m'égayer, mes vers pour m'endormir, et des lazzaroni pour me garder. Ajoutez à cela un brevet d'immortalité que j'ai reçu tantôt et plusieurs châteaux en Espagne, voilà mon hôtel et ses dépendances. Si vous m'honorez d'une visite, monseigneur, je mets à votre discrétion moi et mes nombreux vassaux. (*Il salue et sort avec Ottayano.*)

SCÈNE IV.

LÉONTIO, STELLINA.

STELLINA. Quel singulier personnage !

LÉONTIO. C'est un garçon de talent, un grand cœur, une âme bien trempée, comme le Dante, Raphaël et le Tasse, il immortalisera peut-être la femme qu'il aimera. Oh ! je donnerais ma fortune et mon nom pour avoir un éclair, un seul éclair de génie qui rayonnât sur toi, ma Stellina chérie.

CHOEUR *dans la coulisse.*

Parfums des jasmins,
Chansons des chemins,
Tendres voix des mandolines,
Portez nos accords,
Amoureux transports,
Aux doux échos des collines.
Voile de la nuit,
Protége sans bruit
Les amants cachés dans l'ombre.

(*Reprise des six premiers vers*).

STELLINA. Entends-tu comme les voix de nos amis arrivent à peine jusqu'à nous; déjà les lumières pâlissent, les danses sont moins folles, le bruit s'éloigne et s'éteint. Dans une heure ils seront tous partis et... nous serons seuls.

LÉONTIO. Eh bien ?...

STELLINA. Ce jour a été si beau que je voudrais le prolonger et ne pas le voir finir.

LÉONTIO. Qu'importe, ô ma bien-aimée, puisque tous les jours ressembleront pour nous à celui-ci ! Dans une heure nous aurons dit adieu à nos amis, ta mère t'aura bénie, ô ma belle fiancée, et je pourrai te remercier à genoux de ton amour et de mon bonheur. Abandonne ton bras au mien, et viens te reposer un instant dans ce pavillon....

STELLINA. Oh ! non, pas avant d'avoir embrassé ma mère.

LÉONTIO. On dit que l'espoir et l'attente doublent le bonheur ; je serai bien heureux, car j'aurai attendu.

STELLINA. On va venir peut-être.

LÉONTIO. Non, et d'ailleurs ne suis-je pas ton mari, n'es-tu pas ma femme ? Ma femme ! comprends donc la magie de ce mot; tu es ma femme sur la terre et devant Dieu, toi, l'ange de mes rêves, toi, l'unique objet de mon adoration, depuis le jour où un sentiment nouveau s'éveilla dans mon âme, et où je ne vis plus en toi une petite amie et une sœur, mais une jeune fille belle et chaste comme une madone de Raphaël.

STELLINA. A partir de ce moment, je croyais que vous ne m'aimiez plus.

LÉONTIO. Pourquoi ?

STELLINA. Parce que la familiarité de notre enfance cessa peu à peu.

LÉONTIO. Pour faire place au respect, comme l'amitié faisait place à l'amour ; Stellina, est-ce que tu m'aimes de la même manière qu'autrefois ?

STELLINA. Je ne sais comment je vous aime, mais ce que je puis vous dire, mon Léontio, c'est que je suis heureuse, c'est que ce matin, du fond du cœur j'ai remercié Dieu... Mais on va nous chercher.

LÉONTIO. Oh ! restons encore, c'est la première fois que je suis seul avec toi, et j'ai tant de choses à te dire...

STELLINA. Retirons-nous, de grâce ; allez rejoindre nos amis, et laissez-moi me recueillir seule un instant.

LÉONTIO. Une heure passée loin de toi serait un vol fait à mon bonheur.

STELLINA. L'avenir n'est-il pas à nous ?

LÉONTIO. L'avenir, c'est un jour peut-être;

moi pour t'aimer, je voudrais avoir l'éternité. (*Elle pousse un petit cri.*) Qu'est-ce donc ?

STELLINA. J'ai cru entendre quelqu'un...

LÉONTIO. Non; vois comme la nature est calme, les oiseaux se taisent dans les branches; les arbres s'inclinent doucement pour nous abriter ; le ciel est pur comme nos cœurs, et Dieu lui-même semble veiller sur nous. (*Marco Théona traverse au fond.*)

STELLINA. Le silence de la nuit a quelque chose de solennel et d'effrayant ; il invite à la prière.

LÉONTIO. Non, il invite à l'amour ; laisse-moi couvrir de baisers tes cheveux... (*Il va pour l'embrasser, Marco Théona paraît. Stellina pousse un cri.*)

SCÈNE V.

LES MÊMES, MARCO THÉONA.

LÉONTIO, *s'élançant entre Stellina.* Qui êtes-vous? Que voulez-vous?

MARCO. Excusez-moi, monseigneur, j'allais me retirer quand madame m'a aperçu. Je suis abrité par charité à l'Annonciade, et je fais la quête dans les campagnes.

STELLINA, *à part.* Cet homme m'a fait peur.

LÉONTIO. On n'entre pas ainsi le soir dans un jardin.

MARCO. Les portes sont ouvertes et la foule est partout.

LÉONTIO. Eh bien ! que voulez-vous?

MARCO. Ma besace est vide, et vos gens m'ont promis tantôt de la remplir avec les miettes du festin.

STELLINA. C'est bien à eux d'avoir dit cela.

LÉONTIO. Allez, mon brave homme, mais une autrefois soyez moins indiscret, car je serais moins patient ; je n'aime pas les surprises.

MARCO. Vous êtes prompt à la colère, jeune homme ; que Dieu vous garde de malheur le jour de votre mariage !

LÉONTIO. Je vous fais grâce de vos souhaits ; mais comment savez-vous que je me marie ?

MARCO. Je vois au côté de madame le bouquet de fleurs d'oranger, et puis votre mariage a fait tant de bruit. J'ai appris que le fils du noble, du très-noble comte de Las Végas épousait la fille du duc d'Ottayano, la plus belle et la plus chaste des jeunes filles de ce pays.

LÉONTIO. Vos yeux ne doivent pas s'élever jusqu'au visage d'une femme.

MARCO. On a des yeux pour admirer les madones et les anges.

STELLINA. Et moi qui avais peur de lui ! Priez Dieu pour nous et je vous serai reconnaissante. (*A Léontio.*) Mon ami, donnez quelques ducats à ce malheureux.

MARCO. Je n'accepte jamais d'argent, ma bonne dame; mais je vous l'ai dit, ma besace est vide.

STELLINA. Eh bien, venez avec nous, et je donnerai des ordres pour qu'on la remplisse.

MARCO. Ma compagnie vous serait importune.

STELLINA. Elle nous portera bonheur, au contraire.

LÉONTIO. Vous connaissez le château, allez, on vous donnera une aumône, et vous vous retirerez ensuite.

STELLINA, *avec reproche.* O mon ami, quoi ! le jour de mon mariage on refuserait l'hospitalité à un pauvre mendiant. Il y a place au château pour les indigents. Soyez donc le bienvenu, les pauvres sont nos amis.

LÉONTIO, *à part.* La figure de cet homme me déplaît et m'épouvante.

STELLINA. Venez, venez !

MARCO. J'aurai l'honneur de vous suivre comme un humble serviteur.

SCÈNE VI.

LES MÊMES, LAS VÉGAS, MARCO THÉONA, *un peu à l'écart.*

LAS VÉGAS. Eh bien, mes enfants, on vous cherche partout... Quel est cet homme ?

LÉONTIO. Je ne sais !...

STELLINA. C'est un hôte de l'Annonciade.

(*A Marco.*) Voici le seigneur Las Végas, le maître du château.

LAS VÉGAS. Que venez-vous chercher ici, mon ami? (*Il montre sa besace.*) Seriez-vous muet?

MARCO, *souriant.* Non, grâce au ciel!

LAS VÉGAS. Votre présence dans une fête mondaine a quelque chose d'insolite et d'étrange.

MARCO. Je la traverse sans y prendre part. Si j'ai des désirs comprimés, j'aurai le mérite de la lutte; si l'on m'humilie, j'aurai celui de la résignation.

LAS VÉGAS. Votre voix a un accent..., N'êtes vous pas Espagnol?

MARCO, *hésitant.* Non... seigneur.

LAS VÉGAS. C'est singulier.

MARCO. Mon père était gardien à l'Annonciade, j'y fus élevé.

LAS VÉGAS. Pourquoi ne portez-vous pas la robe?

MARCO. Je m'en crois indigne.

LAS VÉGAS. Quel est votre nom?

MARCO. On m'appelle Spiridione là-bas.

LAS VÉGAS. Et... votre nom véritable?

MARCO. Je l'ai oublié.

LAS VÉGAS. Avez-vous vécu hors du cloître?

MARCO. Jamais, j'ai toujours fui les méchants.

LAS VÉGAS. Croyez-vous donc que tous les hommes soient méchants?

MARCO. Il y en a beaucoup, monsieur le comte, et parmi les plus haut placés.

LAS VÉGAS. Qu'en savez-vous?

MARCO. On me l'a dit. Mais pardon, il se fait tard déjà, et je n'ose voyager la nuit.

LAS VÉGAS. Craignez-vous les bandits?

MARCO, *souriant.* Que pourraient-ils me prendre? ma pauvreté est ma sauvegarde; je crains les précipices, car la route est mauvaise et ma vue est si faible!...

LAS VÉGAS. Vous tenez constamment les yeux baissés et c'est à peine si je vois votre visage.

MARCO. Par humilité, monseigneur.

LAS VÉGAS, *voulant abaisser le capuchon,* Allons, relevez la tête et regardez-moi donc en face.

MARCO, *se découvrant et avec force.* Puisque vous le voulez, comte de Las Végas, je relève la tête et je vous regarde en face.

LAS VÉGAS, *reculant.* Grand Dieu! ces traits... ces regards...

MARCO. Eh bien! ces yeux sont-ils ceux d'un homme?

LAS VÉGAS. Oui, pardieu, et des plus hardis. (*L'examinant.*) Je n'en puis douter, vous n'êtes pas ce que vous dites... vous êtes...

MARCO, *humblement.* Je suis un pauvre diable qui vous implore, monseigneur...
(*Les jeunes gens redescendent.*)

STELLINA. Soyez tranquille, le comte est bon et très-humain.

LÉONTIO. Trop bon quelquefois.

MARCO. Oui, l'on dit M. le comte plein d'amour pour le prochain.

LAS VÉGAS, *à part.* Fatalité! si c'était lui! Que voulez-vous de moi?

MARCO, *humblement.* Rien qu'une aumône, monseigneur.

LAS VÉGAS. C'est bien, je ferai bâtir une chapelle et je fonderai des messes.

MARCO. Pour les trépassés. Merci, monseigneur, et que Dieu vous accorde de longs jours à vous et à vos enfants, et surtout autant de bonheur que vous en méritez.

STELLINA. Merci pour nous, mon ami.

LÉONTIO. Votre présence paraît déplaire à mon père. Gardez vos souhaits et retirez-vous.

MARCO. Je vous obéis, monseigneur.

LAS VÉGAS. Attendez, je veux moi-même vous accompagner jusqu'aux portes du château.

MARCO, *avec ironie.* Quoi! monseigneur, vous daigneriez..!

LAS VÉGAS. Oui, je daignerai m'assurer de votre sortie. (*A deux valets qui paraissent.*) Suivez-nous et ne me quittez pas.

MARCO. Les consciences pures sont toujours tranquilles, monseigneur. (*Sortie en se regardant.*)

SCÈNE VII.

LÉONTIO, STELLINA.

LÉONTIO. Je ne sais qui m'a retenu de poignarder cet homme!..

STELLINA. Que dis-tu ? un malheureux.

LÉONTIO. Lui ! dis plutôt Satan sous la cape d'un mendiant; cet homme est une tache dans mon soleil, une ombre dans ma lumière; si le malheur nous frappe jamais, il nous viendra de cet homme, car j'ai vu le fiel de la haine sur ses lèvres et le désir de la vengeance dans ses yeux.

STELLINA. Y penses-tu? De quoi se vengerait-il ? l'avons-nous offensé ?

LÉONTIO. Il a osé tenir à mon père un langage menaçant, et te souiller de son regard; il y avait dans ses yeux de la convoitise et de l'envie.

STELLINA. N'y pensons pas, mon ami, tu ne le verras plus, il est parti !

LÉONTIO. Puissé-je ne jamais le rencontrer sur ma route.

STELLINA. Je suis désolée de sa venue, à présent, puisqu'elle a porté le trouble dans ton âme.

LÉONTIO. Je t'aime tant, ma Stellina, que je voudrais t'envelopper d'un nuage impénétrable au malheur; je voudrais te faire une existence si heureuse et si belle, qu'elle fût enviée là-haut par les anges du bon Dieu.

STELLINA. Et tu ne veux pas qu'elle soit enviée par les hommes !

SCÈNE VIII.

LES MÊMES, ANIELLO.

ANIELLO. Signora, bonne nouvelle! la gitana est revenue avec vos diamants.

STELLINA. Courons!...

LÉONTIO. Qu'elle vienne donc ! et qu'elle ramène la sérénité sur le front de Stellina. (*Aniello sort.*)

STELLINA. C'est déjà fait, regarde.

LÉONTIO, *riant.* Eh quoi ! madame, vous êtes coquette ?

STELLINA. Non, monsieur, je suis femme. Mais elle ne vient pas. (*Elle va pour sortir et pousse un cri de joie en voyant la Gitana qui lui tend l'écrin.*)

SCÈNE IX.

LES MÊMES, LA GITANA.

STELLINA, *ouvrant la boîte.* Oui ! les voilà bien tous, brillants comme des soleils ! hier, je les ai perdus avec indifférence; aujourd'hui, je les retrouve avec une joie extrême; je veux être belle pour mon mari. Mais approche donc, toi qui me fais si joyeuse. (*Elle donne sa main, la Gitana la baise.*)

LÉONTIO. Merci à toi, pauvre fille, qui as eu horreur du vol et qui as risqué ta vie; merci à toi qui pouvais garder cette boîte et qui l'a rendue avec tant d'empressement et de générosité. (*Ouvrant.*) Avec une de ces pierres tu pouvais te faire belle et parée, toi dont la jeunesse est flétrie; avec ces bijoux tu pouvais te faire une existence et une fortune, toi qui n'as ni existence ni fortune. Enfant d'une caste maudite et méprisée, tu as rendu le bien pour le mal, tu as eu de la charité et de l'amour pour ce monde qui te repousse et te hait; merci à toi, pauvre gitana. (*Il lui tend la main qu'elle baise.*)

STELLINA. Ton action mérite une récompense; dis ce que tu veux, et tu l'auras.

LA GITANA. Une récompense! vous avez abaissé vos regards sur la gitana, vous lui avez dit de douces paroles et lui avez tendu la main, vous avez accueilli l'orpheline abandonnée, la mendiante qu'on insulte et qu'on chasse du pied; elle qui parfois tombe sur la route en jetant au ciel un cri de désespoir et d'anathème, vous la relevez et et l'appelez à vous comme une sœur en Dieu; et vous parlez de récompense! Ah! merci à mon tour; grâce à vous, mes yeux auront versé des larmes de joie, et j'aurai senti une fois les jouissances ineffables du cœur.

LÉONTIO. Veux-tu rester ici près de nous?

LA GITANA. J'aime la solitude et la liberté! je veux rester seule et libre.

STELLINA. Alors, choisis dans cet écrin et prends le diamant le plus gros.

LA GITANA. Un trésor, à moi! qu'en ferais-je?

STELLINA. Tu le garderas en souvenir de

nous, et si un jour Dieu place sur ton chemin deux orphelins jeunes comme nous, et abandonnés comme toi, tu leur tendras la main et leur serviras de mère, le veux-tu?

LA GITANA. J'accepte, et de grand cœur.

STELLINA, *lui donnant une bague.* Eh bien! qu'as-tu donc? (*Le mendiant paraît au fond.*)

LA GITANA. Je vous l'ai dit, l'oiseau des nuits plane sur cette demeure, et son œil de feu cherche la timide colombe; s'il la touche, malheur à elle, car ses blanches plumes joncheront la terre, son œil se voilera pour toujours, son corps frissonnera d'épouvante et les derniers battements de son cœur s'éteindront sous la griffe de l'oiseau des ténèbres.

LÉONTIO. Science ou mensonge, j'accepte le présage; si nous devons vivre et mourir ensemble, j'accepte la vie ou la mort: ne crains donc rien, ma Stellina, nous sommes unis sur la terre, et l'enfer lui-même ne pourra nous séparer.

STELLINA. Oui, nous sommes jeunes, et l'on ne meurt pas à vingt ans; allons embrasser ma mère et lui porter ces bijoux qu'elle a tant regrettés.

LÉONTIO. Viens avec nous, la gitana, et si l'oiseau des ténèbres voltige autour de nous, tu le chasseras.

LA GITANA. Je vous suis, monseigneur. (*Elle les regarde sortir et reste immobile. — Las Végas a paru dans le pavillon, suivi d'Aniello.*)

SCÈNE X.

LAS VÉGAS, LA GITANA, ANIELLO.

LAS VÉGAS. Aniello, ferme cette porte afin qu'on ne puisse entrer ici par ce côté du parc. Si, comme je le suppose, mon fils passe la nuit dans ce pavillon isolé, tu veilleras à l'autre porte afin d'assurer le repos de ces chers enfants.

ANIELLO. Soyez tranquille, monseigneur.

LAS VÉGAS. Allons visiter l'autre partie des jardins. (*Il sort du pavillon et voit la Gitana.*) Encore toi, fille de Bohême! que fais-tu là?

LA GITANA. Je regarde deux étoiles qui brillent dans l'ombre et qui disparaissent par intervalles.

LAS VÉGAS. Aniello, continue ta ronde et viens me rejoindre ici. (*Il sort. A la Gitana.*) Écoute, tu as rendu au duc d'Ottayano un service qu'il saura reconnaître. Quant à moi, qui ne te dois rien, je veux savoir si tu es venue ici par hasard ou avec un dessein caché?

LA GITANA. J'ai suivi l'homme qui m'avait délivrée.

LAS VÉGAS. Je te soupçonne d'avoir des intentions coupables.

LA GITANA. Si le malheur vous menace, il ne viendra pas de moi.

LAS VÉGAS. Vous autres, bohémiennes, vous avez, dit-on, un pacte avec l'enfer, et vous lisez dans un grimoire diabolique.

LA GITANA. Je n'ai point fait pacte avec l'enfer et mes regards se tournent vers le ciel; je n'ai point de grimoire et ne connais que le livre saint qui m'a appris à pardonner aux offenses, à rendre le bien pour le mal et à souffrir avec résignation.

LAS VÉGAS. N'es-tu donc pas une fille de Bohême?

LA GITANA. Je suis Espagnole.

LAS VÉGAS. Espagnole!

LA GITANA. Enfant, je fus enlevée par une troupe de gitanos qui m'apprirent l'art de composer des philtres et surtout l'art de lire dans le passé et dans l'avenir. J'y suis habile, n'est-ce pas, monseigneur?

LAS VÉGAS. Tu as découvert ces diamants, parce que tu savais où ils étaient cachés; tu a prédit à ce jeune peintre un avenir brillant pour flatter son ambition d'artiste; mais le reste est un rôle que tu joues dans une pitoyable comédie; comme les gitanas d'Espagne, tu fais métier de sortilége et de jonglerie pour effrayer les esprits faibles...

LA GITANA. Et les méchants. Or, vous n'êtes pas un esprit faible, vous, monseigneur, et pourtant vous avez tremblé devant moi; vous ne croyez pas aux philtres, et pourtant dans toute l'Espagne on raconte une histoire que vous connaissez, sans doute, vous qui êtes Espagnol.

LAS VÉGAS. Non, je ne sais rien...

LA GITANA. Eh bien! figurez-vous, monseigneur...

LAS VÉGAS. C'est inutile, je ne veux rien savoir, garde tes sornettes pour d'autres. (*Fausse sortie.*)

LA GITANA. Vous avez raison, je vais raconter mon histoire à vos gens et à vos amis. Il y avait près de Madrid, leur dirai-je, une jeune fille pauvre, mais belle comme la madone de Murillo, et pure comme une Vierge de Raphaël. (*Las Végas redescend.*) Elle était fiancée à l'homme qu'elle aimait, lorsqu'un jeune seigneur la vit et l'aima comme un grand seigneur peut aimer une pauvre fille.

LAS VÉGAS, *à part.* Que dit-elle?

LA GITANA. Il souffla à son oreille les paroles les plus perfidement calculées, fit briller à ses yeux toutes les séductions du luxe, et l'enlaça de ses replis, le serpent! Mais la vertueuse fille ferma l'oreille et les yeux, et, avec l'aide de Dieu, sortit triomphante des embûches du tentateur. Au lieu de s'incliner devant tant de vertu, le gentilhomme, habitué aux amours faciles, et irrité par une résistance invincible, résolut d'obtenir par la ruse ce qu'on refusait à ses prières; c'était bien lâche, n'est-ce pas?

LAS VÉGAS. Mensonge!... Mais comment sais-tu cela, toi?

LA GITANA. Et vous, monseigneur? La jeune fille s'appelait Térésita... Ah! voilà que vous pâlissez comme tantôt... Le fiancé était un Espagnol d'origine corse, tête de bronze, cœur de feu, impétueux dans ses amours, impitoyable dans ses vengeances; son nom était Marco Théona.

LAS VÉGAS. Marco Théona!

LA GITANA. Quant au gentilhomme, il s'appelait...

LAS VÉGAS. Il s'appelait?...

LA GITANA. Je cherche à me rappeler.... mais dans ces vieilles histoires il y a des noms si bizarres... si vous m'aidiez un peu?

LAS VÉGAS. Moi, mais j'ignore...

LA GITANA. Au fait, qu'importe le nom? Cependant, l'époque du mariage approchait; Térésita aimait son fiancé, elle n'avait d'autre fortune que son honneur, la pauvre fille, et comme elle voulait apporter une dot à son époux, le jour de son mariage elle monta à l'autel parée de son innocence et fière de son honneur. Le soir, tandis que les deux familles se livraient à la joie, comme ici en ce moment, un homme déguisé en mendiant pénétra dans la chambre nuptiale; alors on eût vu les rideaux de l'alcôve s'agiter. (*Tout ce qui est détaillé par la Gitana s'exécute dans le pavillon par Marco Théona.*) Une tête livide en sortir, puis cet homme s'avancer avec précaution; il possédait un philtre puissant destiné à endormir la vertu de la fiancée et la vigilance de l'époux; d'une main tremblante il en versa dans la boisson préparée au risque de commettre un double meurtre: car cette liqueur était un poison violent qui pouvait causer la mort au lieu du sommeil, et présenter au séducteur, au lieu de deux victimes endormies, deux cadavres défigurés par la souffrance et tordus par une affreuse agonie.

LAS VÉGAS, *à part.* Miséricorde!.... si mon fils... (*Haut.*) Oh! c'est horrible!

LA GITANA. Oui, bien horrible. Après avoir préparé son crime, l'homme déguisé se retira doucement pour attendre l'heure propice, et tira un poignard de sa poitrine pour en frapper quiconque l'eût surpris.

LAS VÉGAS. Honte et malheur! Mais qui donc es-tu, toi, qui sais toutes ces choses?

LA GITANA. Vous l'avez dit, monseigneur, je suis une misérable gitana qui fait métier de jonglerie et qui raconte des sornettes pour effrayer les esprits faibles.

LAS VÉGAS. Oh! tais-toi, car cette histoire...

LA GITANA. Eut un horrible dénoûment. La jeune épouse, endormie et sans défense, fut livrée aux violences d'un forcené qui la laissa souillée et déshonorée, l'infâme!

LAS VÉGAS. Assez!...

LA GITANA. Elle se réveilla folle sur un lit d'hôpital, et comme son bourreau était aussi lâche qu'infâme, il fit enfermer l'époux, dont il redoutait la vengeance, et il quitta l'Espagne sans oser regarder en arrière pour savoir ce qu'était devenue la victime de son odieuse brutalité.

LAS VÉGAS. O Térésita!...

LA GITANA. Le ciel permit que de cette

alliance monstrueuse naquît une fille, maudite avant de naître et maudite au berceau, que sa mère ne put arroser de ses larmes, car la pauvre insensée mourut en donnant le jour à son enfant, créature sans nom, sans famille, sans patrie, reléguée au dernier rang de l'espèce humaine, et qui pourtant sent un cœur dans sa poitrine, qui serait bonne et dévouée si on avait pour elle un peu de pitié, rien qu'un peu de pitié, car enfin.... (*avec explosion*) je suis une créature de Dieu comme les autres.

LAS VÉGAS. Oh! tais-toi!... si l'on t'entendait.

LA GITANA. Eh! que vous importe? on dirait: c'est la bohémienne qui joue son rôle; ne suis-je pas la gitana qu'on accueille si elle amuse, et qu'on chasse si elle ennuie? Eh bien! chassez-moi donc, chassez-moi, monseigneur, mais prenez garde.

LAS VÉGAS. Quoi! des menaces?

LA GITANA. Non, un avertissement. Ce jour a rappelé un autre jour, et le ciel est las de vous faire grâce, prenez garde.

LAS VÉGAS. En veut-on à ma vie?

LA GITANA. Non.

LAS VÉGAS. C'est donc à mon fils, à sa fiancée; mais ces enfants sont innocents.

LA GITANA. De quoi suis-je donc coupable, moi? mais il est écrit que les fautes des pères retomberont sur leurs enfants jusqu'à la deuxième et la troisième génération. Or, prenez garde, monseigneur, prenez garde. (*E le sort.*)

LAS VÉGAS. Qu'ai-je entendu? quoi! mon fils! on oserait... oh! non... non... (*Il tire son épée et s'élance dans le pavillon.*) Personne... personne... oh! je veillerai à cette porte toute la nuit et demain... Qui va là? (*Aniello revient.*)

ANIELLO. C'est moi, monseigneur, qui viens prendre vos ordres.

LAS VÉGAS. Aniello, va, cours à l'Annonciade, tu demanderas.... ou plutôt non, un cheval, vite un cheval, et je cours moi-même... O mon Dieu! mon Dieu! frappez-moi, mais épargnez mes enfants! (*Ils sortent.*)

SCÈNE XI.

MARCO, *sortant de l'alcôve.*

La pointe de son épée a plongé dans le vide, et celle de mon poignard a effleuré sa poitrine; si je l'avais frappé, tout serait fini pour lui. Aurais-je donc attendu si longtemps pour finir comme un vulgaire meurtrier? non! un Las Végas a profané mon lit de noces et souillé ma fiancée; eh bien, me voilà dans la chambre nuptiale d'un Las Végas et j'attends sa fiancée. Pour assurer ma vengeance, il m'a fallu attendre longtemps, comprimer les battements de mon cœur, éteindre ce feu qui me brûle; eh bien! j'ai eu la patience, et chaque jour j'ai amassé goutte à goutte la haine dans mon cœur: c'en est fait, le vase déborde. Comte de Las Végas, tu m'as fait une vie misérable, des journées solitaires, des nuits sans sommeil; eh bien, je te rendrai tout le mal que tu m'as fait, je veux te frapper dans tes affections les plus chères; malheur à ceux qui ont allié leur nom au tien, ils tomberont tour à tour comme des rameaux desséchés, et quand tu resteras seul debout sur les ruines de ta maison, tu tomberas à ton tour comme un chêne foudroyé! O Térésita, Térésita! tu seras bien vengée!... Mais ils tardent bien à venir. (*Reprise du chœur.*) Oh! je les entends!... ils approchent seuls!... ils sont tout seuls... enfin!... (*Il se cache derrière les rideaux.*)

SCÈNE XII.

LÉONTIO, STELLINA.

STELLINA. Pourquoi ma mère nous a-t-elle quittés?

LÉONTIO. Elle attend le départ de tous ces bons villageois; tout à l'heure nous allons entendre la sérénade de nos amis et le compliment des jeunes filles.

STELLINA. Le ciel s'est obscurci comme si un orage allait éclater.

LÉONTIO. La lune s'est cachée derrière un nuage pour augmenter le mystère de la nuit. Entrez, madame, dans cette chambre préparée pour vous recevoir. Viens, ma Stellina, ne reste point exposée à la fraîcheur du soir. (*Ils entrent.*) Tout à l'heure, ces fleurs et ces rubans vont se détacher comme le feuilles d'une rose, et je tomberai en extase devant toi, mon bel ange, ma divinité.

STELLINA. Je ne sais ce que j'éprouve, il me semble que mon cœur...

LÉONTIO. Moi-même, ne vois-tu pas que je tremble en pressant ta main dans les miennes et que j'ai à peine la force de parler! Veux-tu que j'appelle?

STELLINA, *vivement*. Non, ne me quitte pas, j'aurais peur, j'éprouve un malaise...

LÉONTIO. Aniello a pensé à tout (*Lui présentant le plateau.*) Tenez, ma reine, votre esclave vous sert à genoux. (*Elle boit.*)

STELLINA. Ah! je me sens mieux.

LÉONTIO. Chose bizarre! depuis notre enfance, tous les jours, à toute heure, j'ai vu ton sourire et entendu ta voix, et pourtant je suis émerveillé, comme si je te contemplais pour la première fois. Oh! mon bonheur est si grand qu'il m'épouvante, et l'excès même de ce bonheur est douloureux, car j'entends les battements de mon cœur, et j'ai là quelque chose qui m'étouffe.

STELLINA, *se levant et lui offrant le plateau.* A mon tour, je vous dirai: tenez, mon doux seigneur. (*Il boit.*) Et si vous êtes content de votre esclave, laissez-lui toujours la joie de vous servir, d'aller au-devant de vos désirs, d'exécuter vos volontés. Mon Léontio, tu m'aimeras toujours, n'est-ce pas? nos cœurs seront toujours unis, et nos deux âmes seront éternellement sœurs comme les cygnes blancs et les étoiles de la gitana.

LÉONTIO. O parle! parle encore!...

STELLINA. La vie commence quand le cœur s'éveille à l'amour; les nôtres se sont éveillés ensemble, ils doivent s'endormir ensemble. Oui! j'en ai la croyance et je le demande à Dieu, nos corps seront unis dans la tombe comme ils sont unis sur la terre, et nos âmes remonteront là haut, ou voleront ensemble dans les espaces infinis. (*Elle pousse un cri douloureux.*)

LÉONTIO. Qu'as-tu?

STELLINA. Je ne sais, mais!...

LÉONTIO. Ta main est glacée.

STELLINA. En effet, depuis un instant, j'ai froid.

LÉONTIO. Et moi aussi j'ai froid, et pourtant la sueur inonde mon visage; j'ai chaud et je frissonne. Stellina, comme tu es pâle.

STELLINA. Je sens une douleur... mais toi-même.

LÉONTIO. Mon corps tremble malgré moi, ma tête est brûlante et mes dents s'entrechoquent. (*Les invités entrent doucement.*)

STELLINA. Qu'avons-nous donc?

LÉONTIO. Rien, ce n'est rien!

STELLINA. Mon ami, un peu d'air, car je...

LÉONTIO. Oui, je vais... (*Il veut se lever et retombe.*)

CHOEUR.

Parfums des jasmins,

STELLINA. Ah!... je souffre, je souffre! c'est un feu qui me brûle là... là...

LÉONTIO. C'est étrange, je t'entends et je ne te vois plus; j'ai un nuage devant les yeux... est-ce que nous serions...

STELLINA. Ta main, donne-moi ta main dans la mienne.

LÉONTIO. Froides... glacées.

STELLINA. Ah! c'est affreux, horrible, mon ami, nous sommes empoisonnés.

LÉONTIO, *pousse un cri.* Empoisonnés!... Oh! c'est impossible, moi mourir... devant toi... morte aujourd'hui, non... non, la mort n'est pas faite pour nous, je ne veux pas que tu meures.

STELLINA. Mon ami, je sens la vie qui m'abandonne. (*Elle tend les bras.*) Un dernier adieu!

LÉONTIO. Non, nous ne mourrons pas, Dieu ne pourrait le permettre... Oh! que je souffre...A nous!.. au secours!.. (*Il retombe.*) Stellina!

STELLINA. Léontio!... à moi.

LÉONTIO. Au secours!... Ah! je meurs. (*Il s'affaisse près du canapé, elle y tombe étendue.*)

Reprise du CHOEUR.

MARCO, *sortant de l'alcôve.* Et maintenant, à moi la fiancée endormie. (*La soulevant.*) Que vois-je? Morte! Morts tous deux... empoisonnés! (*Il s'enfuit.*)

LAS VÉGAS, *accourant.* Mon fils, où est mon fils! où est-il? ouvrez... là... là... (*Il ouvre le pavillon au moment où Marco Théona disparaît.*) Ah!... (*Il tombe à la renverse.*)

TOUS. Morts!...

LA GITANA, *accourant.* Ciel, trop tard! (*Elle s'arrête, tous sont terrifiés, Marco Théona traverse au fond.*)

ACTE TROISIÈME.

VINGT ANS APRÈS.

Site sauvage. — Montagne au fond ; une fontaine aux flancs de la montagne; à droite, la façade d'un couvent ; à gauche, petite tente couverte de roseaux, sous laquelle est couchée la Gitana. Au lever du rideau, la cloche sonne; des paysans et paysannes sont agenouillés devant la porte du couvent.

SCENE PREMIERE.

PAYSANS, *agenouillés*, AMBROSIO, LA GITANA, *couchée.*

CHOEUR.

Déjà la cloche nous appelle,
De la montagne accourons tous;
Entrons dans la sainte chapelle;
Devant l'autel prosternons-nous. (*Bis*).
Déjà la cloche nous appelle.

DEUX JEUNES FILLES.

Toi qui vois nos pieux transports,
Daigne exaucer notre prière,
Protége-nous sur cette terre.
Et reçois les âmes des morts.

Reprise du CHOEUR.

SCENE II.

LES MÊMES, ANIELLO.

AMBROSIO. Ah! voilà le portier qui ouvre, nous entrerons tous ensemble. Bonjour, Aniello.

ANIELLO, *il est aveugle*. Bonjour, Ambrosio; n'est-ce pas le deuxième coup de la messe qu'on vient de sonner?

AMBROSIO. Depuis hier au soir, les cloches du village et du couvent n'ont pas cessé de tinter, même que la nuit ça fait un effet... on dirait des âmes en peine qui demandent des prières.

ANIELLO. Oui, il y a au purgatoire bien des âmes en souffrance, car on se lève le matin sans savoir si on se couchera le soir, et l'on s'endort souvent du sommeil éternel sans avoir eu le temps de régler ses comptes avec le maître qui est là-haut.

AMBROSIO. Tu n'as rien à craindre de ce côté-là, toi, mon pauvre vieux.

ANIELLO. Moi, je suis toujours prêt, et quand le bon Dieu m'appellera, j'irai avec joie retrouver nos anciens maîtres.

AMBROSIO. C'est en mémoire d'eux que nous sommes venus tous à la messe du couvent au lieu d'aller à l'église du village.

ANIELLO. Ah! vous êtes tous ici? C'est bien à vous, mes enfants, d'honorer la mémoire des morts; et pourtant vous n'avez pas, comme nous, de bons maîtres à pleurer, et une catastrophe épouvantable à raconter; il y en a même plus d'un parmi vous qui était trop jeune dans ce temps-là pour s'en souvenir à cette heure, car il y a plus de vingt ans de cela.

UN PAYSAN. C'est vrai, et dans le pays chacun raconte la chose à sa manière. Mon père, qui était au château de Las Végas le jour de la noce, m'a dit qu'on avait jeté un sort aux jeunes mariés.

AMBROSIO. Je l'ai toujours cru... c'est la jettatura.

ANIELLO. Non, croyez-moi, c'est le poison.

AMBROSIO. Mais qui aurait pu?...

ANIELLO. Ah! on ne l'a jamais su au juste. Le comte ne fit ni recherches ni démarches; il semblait écrasé sous le poids du malheur. Par ses ordres, on dressa un tombeau dans le jardin, à l'endroit où reposaient les corps de ces chers enfants. C'est là que la comtesse de Las Végas et la duchesse d'Ottayano venaient chaque jour prier et pleurer pendant des heures entières, redemandant au Ciel leurs enfants qui n'étaient plus, et appelant Léontio et Stellina comme si du fond de la tombe ils avaient pu les entendre et leur répondre.

TOUS. Pauvres mères!

ANIELLO. Au bout d'un an environ, le ciel, prenant en pitié ces infortunées, envoya, à l'une un autre garçon, et à l'autre une seconde fille. Une joie triste et peu confiante entoura le berceau de ces nouveau-nés. On les nomma Léontio et Stellina, comme les premiers, et, soit faveur du Ciel, soit aveuglement de tendresse, chacun trouva que ces deux enfants avaient exactement les mêmes traits que leurs aînés; pour nous tous l'illusion était complète, c'était une véritable résurrection, et les deux familles espéraient voir grandir sous leurs yeux un autre Léontio, une nouvelle Stellina. Pour les soustraire à l'invisible ennemi dont la haine était si redoutable, le comte de Las Végas et le duc d'Ottayano résolurent de passer en France, et tout était prêt pour le départ lorsque éclata la révolte de Mazaniello.

AMBROSIO. Le comte, qui était Espagnol, fut désigné aux lazzaroni.

ANIELLO. Oui; et sous la conduite d'un chef inconnu, et qu'on n'a jamais revu depuis, les révoltés se ruèrent sur le château. Tout fut pillé, brûlé, ravagé. Le comte de Las Végas périt sans doute dans les ruines, car on ne retrouva pas son corps. Quant aux deux mères, elles s'enfuirent par un souterrain, emportant leur précieux fardeau, et précédées du duc d'Ottayano, qui leur frayait un passage avec son épée. Elles allaient être sauvées et près d'atteindre une nacelle que je tenais prête à les recevoir, quand une décharge de mousquets vint les frapper tous les trois. Je les vois encore tomber sur le sable, puis se relever tout sanglants et retomber encore. J'entends ce cri qui me déchire l'âme : « Mon Dieu! mon Dieu! sauvez nos enfants! » En ce moment, une femme parut comme si elle fût sortie de terre; elle emporta les deux enfants dans ses bras au milieu de la fusillade; elle s'élança dans ma nacelle; et j'allais y sauter moi-même, quand un coup de feu m'atteignit à la tête. Je perdis connaissance; et quand je me réveillai, mon sang figé glaçait mon front, et j'étais dans une obscurité complète. J'attendis que le jour reparût; je l'attendis longtemps, toujours, car il ne reparut plus. Pour moi, c'est la nuit, toujours la nuit.

LE PAYSAN. Pauvre Aniello! au moins tu as fait ton devoir jusqu'au bout.

AMBROSIO. Moi, j'avais quitté le service du château, parce que la jettatura...

ANIELLO. Depuis, on a transporté ici les restes de mes jeunes maîtres et ceux des familles de Las Végas et d'Ottayano. J'y suis venu afin de vivre et de mourir près d'eux. Cela ne peut tarder; et, de tant de monde, il ne restera plus personne; et, de cette villa magnifique, il ne reste plus que des ruines qu'on aperçoit du haut de la montagne, un pavillon désert et un tombeau vide.

LE PAYSAN. Mais les deux enfants?

TOUS. Oui, les enfants?

LA GITANA. On vous l'a dit : ils furent sauvés par une femme et recueillis sur un navire génois, qui les débarqua au port d'Ostie. Là, elle les éleva avec tendresse, avec amour; elle apprit leurs petites mains à s'unir pour prier, leur bouche à sourire, leur cœur à aimer. Ah! qu'elle était heureuse la pauvre femme! A mesure qu'ils grandissaient, les traits de leur visage et le son de leur voix rappelaient ceux de leurs aînés de manière à s'y méprendre, et parfois en les regardant...

AMBROSIO. Que sont-ils devenus?

ANIELLO, *bas*. De la prudence!

LA GITANA. Elle les conduisit à Rome, au couvent de Saint-Urfeo, demeure hospitalière, où on les reçut comme le frère et la sœur, et où ils vécurent dans l'ignorance complète de leurs noms véritables, et croyant qu'en effet ils étaient unis par les liens du sang.

LE PAYSAN. Mais où sont-ils à cette heure?

ANIELLO, *bas*. Prenez garde!.. ne dites rien.

LA GITANA, *hésitant*. Hélas! ils sont morts de cette fièvre terrible qui désola Rome et ses campagnes, la fièvre des marais; c'est un poison aussi. Ils auraient aujourd'hui l'âge qu'avaient leurs aînés quand ils périrent si malheureusement le jour même de leur mariage.

AMBROSIO. Quel malheur! (*Ils s'éloignent.*)

LA GITANA, *bas à Aniello.* Ils ont quitté le couvent, et vont quitter Rome peut-être.

ANIELLO. Oh! mon Dieu! s'ils étaient reconnus, persécutés... Et je ne puis rien pour eux!

LA GITANA. Rassurez-vous; moi, je vois et je veille. Fussent-ils au bout du monde, je les retrouverai. Ce sont mes enfants à moi, et je serai plus forte, avec mon cœur, que la vengeance et la haine. (*La cloche sonne. Tous se rapprochent.*)

AMBROSIO. Cette fois, c'est le dernier coup de la messe.

ANIELLO. Oui, l'office va commencer; entrez en silence, et priez pour les trépassés.

LA GITANA. Moi, je vais chez le podestat demander ses conseils, et demain je pars pour Rome. Vivants ou morts, je veux retrouver ces enfants.

ANIELLO. Que Dieu vous conduise! (*Il rentre dans le couvent; la Gitana s'éloigne.*)

SCÈNE III.

SYLVIO, CHASSEURS, *puis* SALVATOR ROSA. *On entend une fanfare de chasse, puis plusieurs chasseurs descendent de la montagne.*

UN CHASSEUR.

Après la course du matin,
Joyeux festin,
Belle compagne :
Le maître est loin perdu là-bas,
Là-bas dans la montagne.
Entendez-vous, là-bas!
Entendez- vous? le cor résonne.
De nos amis
J'entends les cris
Et l'halali, qui sonne.

Reprise, ensemble.

SALVATOR, *en riche costume de chasse, descend la montagne.* Par saint Jean! je m'étais égaré; et devant cette nature agreste, qui me rappelle celle des Abruzzes, j'avais oublié la chasse pour admirer les coteaux et les bois. Heureusement, le son du cor m'a rappelé que j'avais un fusil à la main, et non des pinceaux.

SYLVIO. C'est ici le rendez-vous de chasse.

SALVATOR. Oui; mais tous nos amis n'y viendront pas. Vous les trouverez à un mille d'ici; j'ai fait dresser une table sur le gazon, au bord d'une fontaine; mes laquais font rafraîchir les vins de Salerne et de Capri; et, au dessert, les vins dorés de la Sicile pétilleront dans nos coupes ciselées. Nous boirons à l'amitié, aux beaux-arts, et à l'extinction des Ribeiristes, des Berninistes, et de tous les effrontés barbouilleurs qui trônent à l'académie de Saint-Luc.

SYLVIO. Nous boirons à la gloire de Salvator Rosa.

SALVATOR. Et surtout à ma fortune; car, avec la gloire seule, on fait maigre festin. C'est la Fortune qui vous ouvrira, ce soir, les portes de ma somptueuse villa.

SYLVIO. Oui, mais c'est la gloire qui lui en a remis les clefs.

SALVATOR. Vous devez avoir un appétit de chasseurs. Allez, je ne tarderai pas à vous rejoindre. Puisque je suis ici, je veux, en bon voisin, faire une visite au supérieur de ce couvent; il est fort de mes amis.

SYLVIO. Comment! Salvator a des relations avec les saints?

SALVATOR. Pourquoi pas? Autrefois, j'en ai bien eu avec le diable!... Il est bon d'avoir des amis partout. (*Reprise du chœur et sortie des chasseurs. Salvator sonne.*)

SCÈNE IV.

SALVATOR, ANIELLO.

SALVATOR. Chez le père supérieur...

ANIELLO. Entrez, excellence...

SALVATOR. Excellence!... Quoi! des flatteurs même au couvent! (*Voyant qu'il est aveugle.*) Ah! le pauvre homme! celui-là, du moins, a le droit de se tromper. (*Il entre.*)

SCÈNE V.

LÉONTIO, STELLINA.

(*Ils descendent de la montagne; Léontio porte un petit paquet et un carton à dessin sur l'épaule; Stellina porte une gourde et un petit sac en sautoir. Ils sont vêtus simplement.*)

STELLINA. Nous ne sommes plus sur la route de Naples... Si nous allions nous égarer ?

LÉONTIO. Ne crains rien; voici le couvent de l'Annonciade, je le connais de réputation. Je sais qu'il renferme des tombeaux fort curieux et plusieurs chefs-d'œuvre du plus grand peintre de l'Italie. Je voudrais le visiter en passant.

STELLINA. Si nous étions arrivés plus tôt, nous aurions assisté à l'office.

LÉONTIO. Quel office ?

STELLINA. Mon frère, c'est aujourd'hui la fête des Morts.

LÉONTIO. Que nous importe, à nous?

STELLINA. Il n'est personne ici-bas qui, le jour des Morts, n'ait besoin de prier et de se souvenir.

LÉONTIO. Personne !... excepté nous, ma sœur... Pour qui veux-tu prier ?

STELLINA. Pour nos parents.

LÉONTIO. Nos parents !... nous n'en avons pas, nous n'en avons jamais eu!... Une brave et digne femme nous a recueillis, et nous l'avons quittée si jeunes encore, que nous avons oublié jusqu'à ses traits.

STELLINA. Nous n'avons pas oublié sa tendresse et ses bontés. Mon frère, depuis que nous sommes sortis de Saint-Urféo, nous avons perdu nos habitudes pieuses. C'est mal; si nous oublions Dieu, que nous restera-t-il?

LÉONTIO. Tu parles sagement, comme toujours.

STELLINA. Alors, mon bon Léontio, ne m'afflige donc pas en pensant autrement que moi.

LÉONTIO. Moi, t'affliger ! non, je partage tes idées et tes goûts; comme toi j'aime le recueillement et la méditation, et si j'étais seul au monde, si tu n'étais pas là pour m'aider à vivre et à souffrir, ma chère Stellina, c'est dans un couvent que je voudrais mourir. J'ai quitté Rome avec joie; j'étais dans cette ville comme un homme venu de l'autre monde, et puis les femmes y sont si frivoles et les hommes si impudents ! Vingt fois j'ai failli me battre, et souvent j'ai tiré mon poignard, j'étais furieux de leurs mépris et jaloux de leurs regards; aussi nous fuirons le monde.

STELLINA. Que m'importe le monde, à moi qui ne vis que pour toi? Je travaille pour t'imiter, je marche pour te suivre; si tu es triste, je pleure; souriant, je chante; ne t'alarme donc point, mon frère, tu es tout pour moi, tout, entends-tu bien ! veux-tu vivre, je vivrai; veux-tu mourir, je meurs avec toi; ma vie n'est qu'un reflet de la tienne, si jamais tu la veux, prends-la, je te la donne. Allons! du courage, mon bon frère; va, tout le monde souffre ici-bas.

LÉONTIO. Pas autant que nous. Écoute, et tu vas apprécier la douleur des autres. Un jour, je me promenais seul et désolé dans les ruines de l'ancienne Rome, lorsque, dans un coin du Colysée, je vis un homme assis et qui pleurait; il y avait sur son visage toutes les contractions du désespoir; je m'approchai de lui et j'appris qu'il avait perdu sa fiancée. Perdre sa fiancée! la femme qu'on aime, tu comprends qu'il n'est pas de malheur aussi grand! Je lui tendis la main, et l'appelai mon ami; j'étais content de trouver un homme vraiment à plaindre, un homme qui sentît comme moi. Le lendemain je le revis; il était triste, mais ne pleurait plus, et un mois après, au carnaval, il courait au Corso avec les masques; et voilà les malheureux dont tu parles, et tu dis que je leur ressemble, et tu compares leurs douleurs aux miennes; non, mille fois non, je ne suis pas comme eux; mais que sommes-nous donc, mon Dieu, que sommes-nous donc?

STELLINA. Deux pauvres enfants abandonnés et bien à plaindre.

LÉONTIO. Un jour, je l'ai revu, cet homme, et comme il s'étonnait de ma pâleur et de ma tristesse, je lui dis en te montrant du doigt, que j'étais deux fois malheureux, puisque je voyais souffrir ma sœur chérie. « Votre sœur, me dit-il en ricanant, non, votre maîtresse. » Toi, ma maîtresse ! il a osé ! et je ne l'ai pas étouffé dans mes bras, broyé sous mes pieds ! Oh ! je ne tuerai jamais un homme, car celui-là est encore vivant.

STELLINA. Je me souviens, en effet.

LÉONTIO. Tu ne sais pas tout : ce qu'il y a d'horrible, c'est que le soir, ces paroles me revinrent à l'esprit ; une pensée infernale traversa mon cerveau, et je me dis : « Si elle n'était pas ma sœur ! » Puis, j'errai la nuit comme un insensé, et quand je rentrai épuisé de fatigues et brûlé par la fièvre, tu étais à genoux devant la madone, que tu priais pour moi. Eh bien, quand je touchai tes cheveux et ton front, quand je sentis tes deux bras enlacer ma tête et tes larmes tomber sur mes joues, je me dis encore : « Pourtant, si elle n'était pas ma sœur ? » Vois-tu, c'était un délire, un souffle de l'enfer.

STELLINA, *avec effroi.* Mon frère, tu m'épouvantes. (*Elle fuit vers la porte et sonne vivement.*)

LÉONTIO. Misérable insensé ! (*A genoux.*) O pardon, ma sœur, mille fois pardon !

SCÈNE VI.

LES MÊMES, ANIELLO.

ANIELLO. Qui donc a sonné ?

STELLINA. C'est moi ; mon frère qui est artiste désire visiter le couvent, et moi, je voudrais assister à l'office des religieux.

ANIELLO. Ma belle enfant, il est trop tard pour entrer à l'office, et trop tôt pour visiter la maison.

STELLINA. Oh ! je vous en supplie ! j'ai tant besoin de prier en ce moment.

ANIELLO. Eh bien, allez à la chapelle de la Vierge, elle est déserte.

LÉONTIO, *vivement.* Oui, à la chapelle de la sainte Vierge.

STELLINA Ne pourrions-nous faire dire une messe ?

ANIELLO. Certainement. (*Léontio lui donne une pièce de monnaie.*) Merci, mon brave jeune homme ; à quelle intention, s'il vous plaît ?

STELLINA. A la mémoire de nos parents.

ANIELLO. Il faut me dire leurs noms pour qu'on les prononce à l'autel... (*Silence.*) Eh bien ! les auriez-vous oubliés ?

LÉONTIO. Oui.

ANIELLO. Je comprends. Pauvres orphelins, que mon saint patron intercède pour vous.

LÉONTIO. Va, ma sœur ; moi j'ai besoin d'air.

STELLINA. Si je n'étais pas ta sœur, tu ne m'aimerais donc plus ?

LÉONTIO. Moi ! pourquoi ?

STELLINA. Tout à l'heure tu as dit...

LÉONTIO, *la baisant au front.* Enfant pure et sainte comme les anges, va prier pour moi.

STELLINA. Tu m'attendras ici. (*A part.*) S'il ne m'aimait plus, j'en mourrais, moi qui l'aime tant. (*Elle entre avec Aniello.*)

SCENE VII.

LEONTIO, *seul.*

Cette fontaine est un heureux contraste au milieu de cette nature agreste, c'est une étoile dans la nuit, un oasis dans le désert... Allons, essayons de reproduire ce paysage en attendant ma sœur. (*Il se met à dessiner.*)

SCÈNE VIII.

LÉONTIO, SALVATOR, ANIELLO.

SALVATOR. Tenez, mon brave homme, prenez et merci.

ANIELLO. Ah ! monseigneur ! c'est moi qui vous remercie pour mes pauvres.

SALVATOR. Pour vos pauvres !... Comment ?...

ANIELLO. Je ne manque de rien ici, et puis j'ai si peu de besoins ! Ce que me donnent les grands, je le rends aux petits, c'est tout naturel.

SALVATOR. Naturel et sublime, comme tout ce qui est chrétien.

ANIELLO. Que Dieu vous garde, monseigneur. (*Il rentre.*)

SALVATOR. Merci, mon ami. (*Il reste pensif un instant, puis se retourne.*) Que vois-je? un jeune homme qui dessine !

LÉONTIO, *à lui-même.* Le maître l'a dit avec raison : « Ne pourrais-je donc trouver » une riante couleur pour éclairer les om- » bres d'une vie où tout est mystère, mal- » heur, combat? Non, les teintes noires pré- » dominent, ma verdure se rembrunit, mes » rayons de soleil pâlissent, des ténèbres » éternelles éteignent la clarté de ceux-ci et » fanent la fraîcheur de celle-là. »

SALVATOR. Que dit-il? ces paroles sont de moi, je les ai écrites dans une de mes cantates. Vous semblez bien préoccupé, jeune homme.

LÉONTIO, *sans le regarder.* Je n'ai rien à vous dire, seigneur.

SALVATOR. Mon ami, je ne suis point un seigneur et n'ai nul souci de le devenir ; je suis ton égal, un homme comme toi ; tu es artiste, je le vois au feu de ton regard ; tu es pâle, non de faiblesse, car tu es fort, mais tu souffres par la pensée ou par le cœur. Tu vois que j'ai deviné juste ; eh bien, parle, et dis-moi si je puis t'obliger.

LÉONTIO. Mais à qui suis-je redevable d'une bonté si gracieuse?

SALVATOR. T'ai-je demandé ton nom pour t'offrir mes services? que t'importe le mien?

LÉONTIO. Celui qui oblige a le droit de se taire, mais l'obligé doit se souvenir et bénir le nom de son bienfaiteur. Je suis artiste, vous l'avez dit, peintre par goût et par métier. Ma sœur et moi nous vivons de notre pinceau. Je quitte Rome, seule ville que je connaisse, excepté Ostie, où, dit-on, je suis né, si toutefois, je suis né quelque part. Je veux voir Naples au ciel bleu et la mer azurée comme le ciel ; je veux voir le Vésuve désolé, les verts coteaux de Sorrente, l'île de Capri qui découpe ses dentelures à l'horizon, le pic d'Ischia, les sites sauvages peints par Virgile et les riantes collines chantées par Horace ; pour moi, c'est plus qu'un désir, c'est un besoin impérieux.

SALVATOR. Accepte-moi pour cicerone, et tu verras tout cela. Quel est ton maître?

LÉONTIO. J'en ai deux, la nature d'abord.

SALVATOR. C'est le meilleur.

LÉONTIO. Puis un autre, élève de la nature aussi, et je dirais aussi puissant qu'elle si ce n'était offenser Dieu.

SALVATOR. Et cet autre?

LÉONTIO. L'immortel Salvator Rosa.

SALVATOR. Immortel ! lui qui partit de Naples, gueux comme la misère et repoussé par les grands hommes de l'académie de Saint-Luc, lui que Ribeira appelait un barbouilleur et Bernini un sacripant.

LÉONTIO. Assez ! Il est au-dessus de ses rivaux comme le chêne est au-dessus du lierre grimpant ; je ne permettrai pas qu'on le raille devant moi.

SALVATOR, *se découvrant.* Si mes paroles ont pu ternir à tes yeux la gloire de ce grand homme, je les retire. Je le tiens en haute estime, et nul plus que moi ne rend hommage à son talent.

LÉONTIO. Dites à son génie.

SALVATOR, *avec emphase.* Je dis à son génie. Mais ce Salvator, ton maître, le connais-tu?

LÉONTIO. Hélas ! non, je l'admire sans le connaître et je vais à Naples exprès pour le voir. On dit qu'il aime les jeunes artistes.

SALVATOR. Et je réponds qu'il t'aimera. Il est de mes amis et je puis te présenter à lui. Ce soir, à l'office des Ténèbres, il doit venir dans ce monastère, avec ses élèves.

LÉONTIO. Quoi ! je le verrais aujourd'hui?

SALVATOR. Ce soir même. En attendant, puisque tu veux emporter ce paysage, va t'asseoir au pied de cet arbre qu'on voit d'ici, tu seras mieux pour la perspective.

LÉONTIO. Vous êtes donc peintre aussi?

SALVATOR. Un peu.

LÉONTIO. J'y cours ; merci, seigneur.

SALVATOR. Appelle-moi ton ami.

LÉONTIO. Je le dis sans effort, merci mon ami, et au revoir. (*Il lui presse la main et sort.*)

SCENE IX.

SALVATOR, *puis* LA GITANA.

SALVATOR. Voilà comme j'étais il y a vingt ans, ardent, enthousiaste, pâle et souffrant d'un mal inconnu. Il se croit malheureux et il a une sœur qui l'aime. On ne m'a jamais aimé moi, et pourtant j'avais une sœur aussi. J'ai vécu seul, abandonné. (*Ici la Gitana paraît et s'arrête.*) Un jour une femme venue du ciel ou de l'enfer m'a prédit que j'aurais de la gloire et de la fortune; la gloire, vapeur légère, mirage trompeur.

LA GITANA. N'est-ce donc rien que cette auréole qui couronne ton front? n'est-ce donc rien que d'être proclamé grand parmi les grands?

SALVATOR. Qui parle ainsi?

LA GITANA. Une pauvre femme a prédit ta gloire et ta fortune, et dans l'enivrement de la fortune et de la gloire, tu as oublié la pauvre femme qui t'avait montré la route et relevé ton courage abattu.

SALVATOR. Attends!.. cette voix... ce regards... Ah! pauvre gitana, depuis vingt ans, j'ai tant vécu que j'avais oublié ta voix et ton visage. Dans mes triomphes du présent, je t'ai souvent appelée, toi qui m'as donné la force de vaincre en me donnant la volonté de combattre. Oui, tu m'as tout prédit, tout, excepté le bonheur. Et toi, pauvre gitana, je te retrouve toujours pauvre et misérable.

LA GITANA. Moi, j'ai éprouvé toutes les joies du paradis. Dans ma chétive cabane, j'ai vu descendre les anges, j'ai reçu leurs sourires et leurs caresses; puis, un jour je suis rentrée seule, la cabane était triste comme un printemps sans soleil, comme un nid sans oiseaux, et je l'ai quittée... A présent, voilà mon palais. (*Montrant la tente.*)

SALVATOR. Un toit de roseaux, une cruche et de la paille. Sybarite! autrefois moi je n'avais qu'un banc de pierre et je buvais l'eau de la fontaine.

LA GITANA. Et à présent?

SALVATOR. A présent, je suis riche, et ton sort va changer, tu ne me quitteras plus.

LA GITANA. Je veux ma solitude et ma liberté; ma place est ici jusqu'à ce que Dieu en décide autrement.

SALVATOR. Cependant...

LA GITANA. Maître, vous êtes riche et puissant; eh bien, je ferai appel à votre richesse et à votre puissance.

SALVATOR. Parle, et tout ce que je possède...

LA GITANA. On dit que votre vie est fabuleuse et que vos aventures tiennent du prodige.

SALVATOR. Oui, mais à présent je vis dans un calme plat qui me fatigue et qui m'use.

LA GITANA. Réveillez-vous, maître, et puisque je vous retrouve, je veux risquer une aventure qui surpassera toutes les autres; près de vous je me sens plus forte, et si vous voulez me seconder, à nous deux nous ferons un miracle.

SALVATOR. Que faut-il faire? Parle.

LA GITANA. Pas encore. Où vous reverrai-je?

SALVATOR. A ma maison des champs, ou à mon hôtel de Naples.

LA GITANA. A mon retour de Rome, j'irai vous voir.

SALVATOR. Tu pars pour Rome?

LA GITANA. Demain matin.

SALVATOR. Seule?

LA GITANA. Avec l'espérance; mais auparavant, je voudrais vous revoir ici.

SALVATOR. Ici, dis-tu? J'y dois revenir ce soir.

LA GITANA. Eh bien! à ce soir maître, et nous commencerons le miracle.

SALVATOR. Et nous l'achèverons?

LA GITANA. Dans les ruines du château de Las Végas.

SALVATOR. Le château de Las Végas? Encore un souvenir d'autrefois.

LA GITANA. A ce soir, maître!

SALVATOR. A ce soir.

LA GITANA, *sonne.* Aniello, c'est moi. (*Elle entre au couvent.*)

SCÈNE X.

SALVATOR, *seul.*

Le château de Las Végas! oui, c'est là que je vis cette femme pour la première fois, dans un jour de fête et de deuil. Le passé redevient vivant pour moi. (*Il s'assied au bord de la fontaine.*) O mes belles années d'insouciance, de misère et de folle gaîté! qui me rendra mon banc de pierre de la place *del Mercato*, et ces jeunes filles qui venaient puiser de l'eau à la fontaine et désaltérer le pauvre artiste dont elles chantaient les chansons? (*S'endormant par de-*

grés.) O mes chères illusions, qui jadis charmiez ma veille et veniez voltiger la nuit autour de moi, pour une heure seulement venez sourire à l'homme comme vous avez souri à l'enfant... O mes doux chants d'amour, venez caresser mes sens! et vous, jeunes filles de Parthénope, venez à la fontaine... et penchez-vous doucement... vers l'artiste endormi. (*Il s'endort.*)

SCÈNE XI.

SALVATOR, STELLINA, *sortant du cloître.*

STELLINA. Merci, mon bon père, de votre obligeance; la prière m'a consolée, je suis plus tranquille.

ANIELLO, *à la porte.* Allez, ma chère enfant. (*La porte se referme.*)

STELLINA, *apercevant Salvator.* Ah!.... un homme endormi, mais mon frère où est-il?... Mon frère... mon frère... Ah! - là-bas, au pied d'un arbre, avec ses cartons. Au lieu de dessiner, il rêve, il souffre, pauvre Léontio; quand il me voit triste, il a plus de chagrin encore; quand je chante, il est heureux, dit-il. Eh bien, disons-lui cette cantate de Salvator Rosa qu'il aime tant. Puissé-je envoyer une douce pensée à mon frère et un songe agréable au cavalier qui dort là si paisiblement. (*Elle chante.*)

Je suis le rayon d'espérance
Qui brille pour toi dans les cieux;
Je suis la sœur de ton enfance,
Le Zéphyr caressant tes yeux.
Je suis le rêve au doux sourire
Qui te berce dans ton sommeil;
Je suis la muse qui t'inspire
Dès le matin, à ton réveil.

SALVATOR, *endormi.* Oh! chante, chante encore.

STELLINA. Eh bien! il ne m'entend pas! Il est temps de prendre le repas du matin. (*Elle remplit sa gourde.*)

SALVATOR, *rêvant.* Belle Rebecca, verse à boire à ton serviteur.

STELLINA. L'Evangile dit : « Donnez à boire à celui qui a soif; buvez, monseigneur.

SALVATOR, *s'éveillant.* Que vois-je? une jeune fille!...

STELLINA. Pardonnez-moi, monseigneur, j'ai troublé votre sommeil.

SALVATOR. O charmante enfant, je te voyais en songe. Ta voix douce et suave me rappelle celle d'une jeune fille qui jadis, comme toi, venait à la fontaine; elle était moins belle que toi, peut-être, mais elle avait ta candeur et ta grâce. Pourquoi es-tu seule ici?

STELLINA. J'attends mon frère qui dessine là-bas.

SALVATOR. Quoi! ce jeune homme?

STELLINA. C'est mon frère Léontio.

SALVATOR. Léontio, dis-tu?... Et toi, on t'appelle?

STELLINA. Stellina.

SALVATOR. Léontio et Stellina, je connais ces deux noms, ce n'est pas la première fois que je les prononce. Te souviens-tu de m'avoir jamais vu?

STELLINA. Non, jamais.

SALVATOR. Eh bien, moi, je me rappelle vos traits, je vous ai vue, mais il y a longtemps, bien longtemps.

STELLINA. Nous n'avons pas vingt ans.....

SALVATOR. C'est juste, et pourtant il me semble... (*On entend le cor.*) Léontio... est-ce bien ton frère?

STELLINA, *rougissant.* Oh!...

SALVATOR. Je veux dire, en es-tu bien sûre?

STELLINA, *hésitant.* Sans doute.

SALVATOR. Je vous reverrai ce soir; mes amis m'attendent et m'appellent. Léontio.... Stellina... ceux que j'ai connus étaient riches, mais ils sont morts il y a longtemps... et d'ailleurs... (*Le cor.*) Au diable cette chasse... j'aurais voulu... Allons, au revoir, ma belle enfant, je voudrais te donner le baiser d'un père à sa fille, et je n'ose.

STELLINA, *venant à lui.* Ah! monseigneur!

SALVATOR, *il lui baise le front.* Tu m'appelles monseigneur, et pourtant je sens que tu es plus noble que moi. (*Le cor.*) Maudite chasse!... Adieu, mon enfant, courage et espérance. (*Il s'éloigne par la montagne.*)

STELLINA. Que Dieu vous entende, monseigneur.

SCENE XII.

LÉONTIO, STELLINA.

LÉONTIO. Ah ! te voilà, bonne petite sœur, que regardes-tu donc ?

STELLINA. Vois-tu cet homme qui s'éloigne ?

LÉONTIO. C'est mon protecteur, c'est mon ami.

STELLINA. Il t'a dit de douces paroles, à toi aussi ?

LÉONTIO. Il m'a promis de me présenter à Salvator Rosa. Je me défie de tous les hommes, mais celui-là ne ressemble point aux autres ; j'ai confiance en lui. Il nous servira, je l'espère. Va, si celui-là avait des enfants, il ne les aurait point abandonnés.

STELLINA. Tu accuses nos parents, sans les connaître ; ils étaient trop pauvres pour nous élever peut-être !

LÉONTIO. Trop pauvres ! oh ! non, nous sommes les enfants du malheur ou du crime. Il y a en nous une noble fierté qui dément notre condition présente et qui trahit notre origine. Nous sommes pauvres, mais non comme ces mendiants qui étalent leur misère et font parade de haillons sur les places ; jamais nous n'avons tendu la main à la porte d'un riche, et nos bouches n'ont jamais murmuré ces sourdes plaintes qui provoquent le refus ou font violence à l'aumône ; nous sommes pauvres, mais au moins nous vivons du produit de nos travaux, et nous ne cherchons point la fortune par des moyens indignes de nous. Mieux vaut cent fois une pauvreté honorable qu'une richesse honteuse.

STELLINA. Nous lutterons toujours avec courage.

LÉONTIO. Pauvre sœur ! le travail use tes forces, mais bientôt tu te reposeras. Je sens en moi toute l'ardeur d'un artiste, et je grandirai comme les autres. Si la peinture me fait défaut, je demanderai du travail à la terre, ou bien, je serai pêcheur, matelot ; qu'importe l'habit quand l'honneur est dessous ? Va, ne crains rien, tant que j'aurai des bras, tu ne connaîtras pas le besoin.

STELLINA. O mon bon Léontio, si tu savais combien j'admire ta force d'âme. (*Ils s'embrassent.*) Si tu le veux, nous passerons la journée ici. D'abord, il est temps de prendre notre repas.

LÉONTIO. Sans doute. Asseyons-nous là, près de la fontaine, je me sens en appétit.

STELLINA. Et moi aussi, j'ai faim.

LÉONTIO. Etale nos petites provisions.

STELLINA. Nos provisions ! elles sont épuisées. Il faut les renouveler dans une maison de la côte.

LÉONTIO. Tout à l'heure j'ai donné à ce vieillard mon dernier ducat.

STELLINA. Et il ne nous reste plus rien. Qu'allons-nous devenir ?

LÉONTIO. J'ai dans mes cartons plusieurs dessins bien réussis, je les vendrai facilement à Naples, et alors...

STELLINA. Mais en attendant...

LÉONTIO, *atterré*. C'est juste ; en attendant il faut manger.

STELLINA. Oh ! nous pouvons bien attendre jusqu'à demain ; il est déja midi, la journée sera bientôt passée.

LÉONTIO. Et tout à l'heure je promettais de la nourrir ! Quoi ! ma sœur a faim, elle souffre... Et rien, rien ! quoi, sur cette terre que Dieu féconde il y a des créatures...

STELLINA. Oh ! tais-toi, tais-toi. Les couvents sont hospitaliers ; ils s'ouvrent aux pauvres voyageurs ; on nous recevra... viens, viens.

LÉONTIO. Accepter le pain de l'aumône comme un misérable, comme un lâche ! oh ! plutôt mourir. Aussi bien la vie m'est insupportable ; oui, la mort, c'est-à-dire le sommeil, le calme. Mais toi, ma pauvre sœur !.. Oh ! mon père, mon père, si vous vivez encore, soyez...

STELLINA, *lui mettant la main sur la bouche*. Tu blasphêmes ! mon frère ; je t'en supplie, reviens à toi. Nous sommes les enfants de la charité, invoquons le Dieu de charité, il n'abandonne pas ses enfants.

LÉONTIO, *avec désespoir*. Non, je ne crois plus à la justice de Dieu.

STELLINA, *tombant à genoux*. Oh ! pardonnez, Seigneur, pardonnez-lui. (*La Gitana paraît et examine les jeunes gens.*)

SCÈNE XIII.

LES MÊMES LA GITANA.

LA GITANA, *à part*. Que vois-je ! Ici tous deux ! c'est donc vous qui me les envoyez, Seigneur.

STELLINA, *à genoux*. O vous, notre divin père que j'implore du fond de mon cœur, jetez un regard de pitié sur vos pauvres enfants. (*Elle étend les mains.*) Ne nous abandonnez pas, Seigneur, et ne nous refusez pas aujourd'hui notre pain de chaque jour. (*La Gitana, qui s'est approché doucement par derrière, laisse tomber une bourse dans les mains de Stellina, qui pousse un cri de surprise et reste à demi renversée.*)

LA GITANA. « Si Dieu place un jour sur » ton chemin deux orphelins jeunes comme » nous et malheureux comme toi, tu leur » viendras en aide » Voilà ce que m'a dit la fiancée.

LÉONTIO. Que signifie ?..

STELLINA, *se relevant.* Hélas ! vous paraissez aussi pauvre que nous, et vous voulez nous secourir ; reprenez cette bourse et soyez bénie, bonne et généreuse femme.

LA GITANA. Gardez cet or, ce n'est pas moi qui vous le donne, il vous vient d'en haut.

STELLINA. Quoi ! sans nous connaître...

LA GITANA. A défaut de la mémoire, vos cœurs ne se rappellent-ils pas la femme pauvre et délaissée qui vous a recueillis pauvres et abandonnés comme elle ?

ENSEMBLE. Vous !... vous !... (*Ils l'entourent.*)

LÉONTIO. O notre véritable mère, soyez à jamais bénie.

STELLINA. Bénie et aimée.

LA GITANA. En ce moment comme autrefois, je sens vos bras autour de moi et je reçois vos caresses. O mon Dieu ! en récompense d'un peu d'amour et de charité, vous m'envoyez toutes les joies du cœur ! ô merci, mon Dieu, merci. Enfants, il faut fuir loin d'ici.

LÉONTIO. Partir ! non, je dois voir ce soir le grand Salvator Rosa... Mais, de grâce, expliquez nous...

LA GITANA. Rien encore ; il y aurait danger pour toi, pour elle ; il ne faut pas qu'on nous voie, qu'on vous sache vivants ; venez, venez. (*Ils gravissent la montagne.*) Voyez-vous là-bas, dans la montagne, une maison en ruines ?

LÉONTIO. Et un parc d'un aspect sauvage et désolé.

LÉONTIO *et* STELLINA. Eh bien ?

LA GITANA. Enfants, c'est là qu'est la révélation de votre passé et tout votre avenir ; car ce domaine en ruines...

LÉONTIO. C'est ?...

LA GITANA. Le château de Las Végas !

FIN DU TROISIÈME ACTE.

ACTE QUATRIÈME.

Un cloître, avec des tombeaux et une croix de pierre. Au premier plan, à droite et à gauche, les tombeaux de Léontio et de Stellina, avec deux statues couchées; galeries latérales; au second plan, à droite, une grande porte bysantine cache le chœur et l'autel; à gauche, arcades découpées, laissant voir au fond le cimetière du cloître; clair de lune. On descend au premier plan par plusieurs marches. Au lever du rideau, on entend les accords funèbres de l'orgue.

SCENE PREMIÈRE.

MARCO THÉONA. (*Il est assis sur les marches de l'escalier, appuyé sur son coude.*)

CHŒUR DE MOINES, *en dehors.*

Dans ce funèbre et saint asile
Où l'on s'endort d'un long sommeil,
Le corps repose, frêle argile,
Attendant l'instant du réveil.

MARCO, *seul.* Jour des morts! jour terrible qui revient fatalement chaque année imprimer une nouvelle ride à mon front, un nouveau remords à mon cœur! Chaque année la cloche tinte plus lugubre, et les chants retentissent plus funèbres à mon oreille. Affreuse destinée que la mienne! Pendant longtemps j'ai gravi les durs sentiers de la vie, pleurant ma fiancée perdue et attendant l'heure solennelle de la vengeance; à mesure que je montais, les regrets et l'amour s'éteignaient dans mon âme, et la haine s'y infiltrait chaque jour plus ardente. Plus tard, j'ai senti la haine s'éteindre et les doux sentiments se rallumer dans mon âme. Oh! le cœur humain, mélange de contradictions, réseau inextricable!.. En expiation de mes crimes, je me suis enfermé ici; cadavre vivant, j'ai rivé mes jours aux cadavres qui m'entourent; je garde ces tombeaux, et, au milieu de ces statues froides et immobiles qui dorment du sommeil éternel, moi seul je souffre et je veille. O mon Dieu, mon Dieu, qu'avais-je donc fait au comte de Las Végas? Las Végas! lui seul manque ici, lui, dont l'infamie couvrirait au moins mon infamie, et je n'ai pas la consolation de m'absoudre en présence de sa tombe, en songeant combien il fut misérable et infâme. O jour des morts, terrible anniversaire, que n'es-tu le dernier auquel je sois condamné! (*Il tombe épuisé.*)

SCENE II.

MARCO, SALVATOR, SYLVIO, ÉLÈVES.

SYLVIO. Par ici, maître, par ici; on m'a parlé d'un phénomène singulier; on dit que ces lampes ne s'éteignent jamais.

MARCO. On vous a dit vrai, ces deux lampes brillent toujours et sans qu'un nouvel aliment vienne renouveler leur flamme.

SYLVIO. C'est étrange...

SALVATOR. Fort étrange, en effet... Allez, mes amis, continuez cette sombre promenade. Moi, j'ai besoin de rester quelques instants ici... Allez, et vous verrez des fresques de Giotto, et l'immortel chef-d'œuvre du Dominiquin, *la Communion de saint Jérôme.* Conduisez-les, je vous prie, mon ami.

MARCO. Je suis à vos ordres, monseigneur. (*Ils sortent. — Salvator reste accoudé au tombeau.*)

SCÈNE III.

SALVATOR, LÉONTIO.

LÉONTIO, *au fond de la galerie.* A chaque pas mon pied se heurte contre une tombe. Dans cette funèbre enceinte, ma sœur aurait pâli d'épouvante, tandis que moi je suis ici dans mon élément. (*Il descend.*)

SALVATOR. Que vois-je? vous ici!

LÉONTIO. C'était chose convenue; vous m'aviez promis de me présenter à Salvator Rosa...

SALVATOR. En effet...

LÉONTIO. Eh bien, maître, je vous salue, et pardonnez-moi si tantôt je ne vous ai pas reconnu; j'aurais dû vous deviner.

SALVATOR. Et ta sœur, où est-elle?

LÉONTIO. Je l'ai laissée dans la chapelle.

SALVATOR. Elle invoque le ciel pour toi, sans doute?

LÉONTIO. Oui, car elle est pure comme les anges, et les anges n'ont pas besoin de prier.

SALVATOR. Comme tu es pâle!

LÉONTIO. Et pourtant le feu de la fièvre me brûle.

SALVATOR. Quoi! souffrirais-tu?

LÉONTIO. Oui, maître, vous l'avez dit, je souffre, j'ai des chagrins que personne ne connaît, pas même ma sœur, qui connaît toutes mes pensées; j'ai des souffrances inouïes, et si incompréhensibles que parfois je me dresse et m'agite, comme pour échapper à un songe terrible. En ce moment, surtout, je ne sais ce qui se passe en moi.

SALVATOR. Parle, enfant, je te comprendrai.

LÉONTIO. Devant un homme ordinaire et dans un autre lieu, je me tairais; mais vous n'êtes point un homme comme ils sont tous; devant vous, je puis penser tout haut. Ecoutez: Depuis longtemps j'ai une idée qui reste fixée à mon front et qui me poursuit dans la veille comme dans le sommeil, et cette idée... c'est à peine si j'ose en faire l'aveu, tant elle est étrange; cette idée, c'est que mon existence est en dehors des lois de la nature. (*Salvator tressaille et sourit.*) Oh! ne riez pas, maître; oui, il me semble qu'un autre, en me léguant sa figure et son corps, m'ait aussi légué sa vie et son âme: souvent, étant assis près de ma sœur, ou tenant son bras dans nos promenades, j'ai éprouvé des sensations étranges. Soit souvenir du passé ou révélation de la tombe, je crois alors me rappeler qu'à une époque inconnue de mon existence, j'ai vu les mêmes objets, éprouvé les mêmes sensations; je me cramponne à mes souvenirs et je remonte vers le passé; mais les jalons manquent sur mon chemin, ma route est sombre, et alors tout se confond et s'obscurcit, puis je retombe dans mon rêve habituel.

SALVATOR. Que dit-il?

LÉONTIO. Pendant ce rêve affreux, qui allume ma fièvre et qui me tuera, je sens une chaleur âcre qui dessèche ma gorge et brûle ma poitrine; je me tords dans d'horribles convulsions, je crois voir une ombre de jeune fille planer autour de moi, et, dans les rideaux d'une alcôve, j'entrevois une figure livide, puis je suis enveloppé d'un linceul, couché sur la pierre dans un caveau comme celui-ci; et, dans cet état affreux, j'ai le sentiment de mon existence; je souffre réellement: j'éprouve la faim, la soif, je m'efforce à pleurer pour boire mes larmes, et mon œil reste sec; je veux crier et m'enfuir, ma voix s'arrête à mon gosier et mon corps reste immobile. Enfin, je veux briser ma tête contre la voûte, et ma tête reste fixée au marbre du tombeau. Je vous dis que c'est horrible, épouvantable... Ah!... j'étouffe... je... (*Il tombe dans les bras de Salvator.*)

SALVATOR. Au nom du ciel, calme-toi. O mon Dieu!... mon Dieu! (*Il le considère.— A part.*) Oh! non, non, c'est impossible.

LÉONTIO. Après bien des tortures, je sors de mon rêve, accablé, couvert de sueur et prenant en horreur la seule consolation des malheureux, le sommeil, car le même rêve revient chaque nuit plus fatigant et plus terrible. Voilà pourquoi je suis pâle et pourquoi je souffre. Eh bien! dites, maintenant, n'est-ce pas affreux, après une journée désolante, de trouver dans le sommeil des maux plus grands que les maux réels? N'est-ce pas affreux de redouter la nuit, parce que la nuit est peuplée de fantômes et traîne après elle le désespoir et l'épouvante?

SALVATOR. O malheureux! malheureux!

LÉONTIO. Et je n'ai ni parents, ni amis! Ah! sans la présence de ma sœur et la crainte de Dieu, il y a longtemps que...

SALVATOR. N'achève pas; une telle pensée dans un lieu saint est déjà un blasphème. Il y a des hommes qui n'ont que la peine de naître et qui s'épanouissent sur la terre comme des fleurs au soleil. Il en est d'autres pour qui la vie est un combat sans trêve ni merci; à ceux-là Dieu a donné la force et la volonté, afin qu'aux jours des tempêtes ils soient debout, toujours prêts à la lutte. Du courage, enfant, du courage.

LÉONTIO. Ma force et mon courage sont épuisés.

SALVATOR. Oui, seul tu succomberais peut-être, mais la main que je t'ai tendue, ce matin, te sauvera de l'abîme. La science guérit les maladies du corps, l'amitié guérit celles de l'âme, et je suis ton ami.

LÉONTIO. Hélas ! maître, que pourrez-vous pour moi ?

SALVATOR. Léontio, pense à ta sœur.

LÉONTIO. Ma sœur ! apprenez donc un secret que je n'ai osé dire à Dieu et que je n'ose dire à moi-même. Depuis quelque temps, j'aime ma sœur avec amour, avec idolâtrie.

SALVATOR. Tu es en délire !

LÉONTIO. Oh ! plût au ciel ! mais non, c'est une torture incessante, impitoyable. Ici même, en ces lieux, je la vois belle et parée de la couronne nuptiale, et moi je suis son fiancé. Ah ! tout cela est monstrueux, n'est-ce pas ? mais je vous l'ai dit, ma vie à moi est en dehors de la nature. Oh ! plaignez-moi, maître, plaignez-moi !

SALVATOR. Je ferai plus, je te sauverai de toi-même ; et d'abord, ta sœur sait-elle ?...

LÉONTIO. Vous me voyez devant vous et vous me demandez cela !.. mais, avant de la souiller par un tel aveu, je déchirerai ma gorge et j'arracherai ma langue ; avant qu'elle devine ce fatal amour, j'appuierai mes bras sur mon cœur et j'étoufferai ses battements jusqu'au dernier, car vous l'avez dit, Dieu donne la force et la volonté ; eh bien, j'ai reçu mon âme pure et je la rendrai pure à Dieu, c'est ma volonté, à moi.

SALVATOR. C'est bien. Pauvres délaissés, par ces tombes qui nous entourent, par cette croix adorable, je jure que vous pleurez aujourd'hui pour la dernière fois. Dans Salvator Rosa, vous aurez un ami, un père. Va, mon enfant, et que Dieu te garde. (*Il sort ; Salvator le suit des yeux.*)

SCÈNE IV.

SALVATOR, LA GITANA *entre lentement.*

SALVATOR. Seigneur, déchirez pour moi le voile du mystère, et donnez-moi la lumière qui chasse les ténèbres.

LA GITANA. Tu demandes la lumière, je te l'apporte.

SALVATOR. Va, cours, ne les quitte pas. Il faut conduire cette jeune fille à Naples, au couvent ; il faut que son frère parte demain, ce soir.

LA GITANA. On ne doit pas séparer ceux que Dieu a unis.

SALVATOR. Il le faut, te dis-je ; il y va de l'honneur, de la vie peut-être. (*Mouvement.*) Oh ! ne m'interroge pas, ce secret n'est pas le mien.

LA GITANA. C'est inutile, je sais tout.

SALVATOR. Toi ? Viens-tu du ciel ou de l'enfer ? Ecoute, je suis riche et puissant, eh bien, ma fortune tout entière, je te la donne ; mon crédit et ma puissance, je te les livre ; demande-moi tout ce que tu voudras, ma vie même, s'il le faut, mais seconde-moi.

LA GITANA. Pourquoi suis-je venue ? A ton tour, écoute et regarde. Sais-tu qui dort là ?

SALVATOR. Non.

LA GITANA. Sous cette pierre repose le duc d'Ottayano, gentilhomme napolitain, tué lors de l'insurrection de Mazaniello.

SALVATOR. Ottayano ?

LA GITANA. Au pied de cette croix sont couchées la comtesse de Las Végas et la duchesse d'Ottayano, tuées à la même époque.

SALVATOR. Un vieillard et deux femmes ! Voilà donc le fruit des révolutions. O liberté, que j'aime et que j'ai servie, voilà donc ton piédestal, des ruines et des tombes ; pauvre humanité ! Mais ces deux statues ?

LA GITANA. Elles représentent le fils de Las Végas et la fille d'Ottayano, morts le jour de leur mariage.

SALVATOR. Oui, je me rappelle. Pauvres enfants, si beaux, si aimants, et surtout si aimés ! Seigneur, votre droite est terrible, et vos décrets sont impénétrables. Ainsi, sous ce voile de fiancée, qui recouvrit jadis les attraits les plus chastes et le visage le plus gracieux, ma main touche une froide pierre, et mes yeux contemplent un visage morne et immobile. Deux corps, chef-d'œuvre de la création, gisent là, spectres hideux et décharnés, tandis que les deux âmes qui animaient ces corps... où sont-elles maintenant ?

LA GITANA. Rappelle-toi bien ces deux fiancés et compare leur visage et leur corps à ceux des jeunes gens que tu as vus tantôt.

SALVATOR. Comment ?

LA GITANA. Je t'ai parlé d'un miracle. Dieu n'est-il pas tout-puissant ?

SALVATOR. Oui, je crois en Dieu et à sa toute-puissance, mais je ne crois pas aux morts qui reviennent. Partout; sur les tombes des enfants le gazon pousse et verdit, arrosé par les larmes des mères; partout, à toute heure, les sanglots des mères montent jusqu'au ciel, ou redemandent à la terre les enfants qui ne sont plus, et le ciel est sourd et la terre est muette. Va, la mort est impitoyable et frappe sans appel. Je ne crois pas aux morts qui reviennent.

LA GITANA. Crois-tu à l'immortalité de l'âme? dis, l'âme n'est-elle pas immortelle? ne s'élève-t-elle pas, divine et rayonnante, comme un défi au crime, comme un hommage au Tout-Puissant?

SALVATOR. Que parles-tu de crime?... ces enfants...

LA GITANA. Sont morts empoisonnés. Rappelle-toi le château de Las Végas, cette fête brillante, ces beaux fiancés, tendres fleurs épanouies par l'amour, et qu'un souffle de mort a desséchées sur leur tige.

SALVATOR. Que veux-tu dire? Mais ce crime, qui l'a commis?

LA GITANA. Un homme qui, sur le cadavre de sa fiancée, a fait un serment épouvantable.

SALVATOR. Pourquoi?

LA GITANA. Parce qu'il s'appelait Marco Théona.

SALVATOR. Marco Théona! Pendant la guerre de Mazaniello, il y eut un chef de bande de ce nom...

LA GITANA. Et qui est aujourd'hui gardien des cadavres qu'il a faits. C'est lui qui fit périr la famille d'Ottayano, c'est lui qui porta la mort et le pillage dans le château de Las Végas, où, plus tard, je suis revenue guidée par un pressentiment, et, dans ces ruines désertes et maudites, j'ai retrouvé un vieillard blanchi par l'épouvante encore plus que par l'âge.

SALVATOR. Las Végas?

LA GITANA. Oui, Las Végas, qui vit encore, oublié des hommes et abandonné de Dieu, et que dans sa folie j'entoure de soins invisibles; Las Végas, à qui je dois le malheur de ma vie, la honte de ma naissance et la mort de ma mère.

SALVATOR. Toi?

LA GITANA. Oui, car je suis sa fille...

SALVATOR. Sa fille!... toi, la fille de Las Végas!

LA GITANA. Silence!... sa femme et ses enfants dorment près de nous; s'ils m'entendaient, ils pourraient se relever et le maudire: ma présence ici l'accuse et le condamne. Silence, Salvator. Et vous, reposez en paix, victimes et martyrs; la Gitana vous pleure et va prier pour vous. (*Elle sort doucement.*)

SCENE V.

SALVATOR, *seul.*

Mon Dieu, pendant mes longues années de misères et de tourments, vous avez vu mes souffrances, mais jamais vous n'avez entendu mes plaintes, car jamais je n'ai poussé une plainte. Pendant trop longtemps je vous ai oublié, Seigneur; aujourd'hui je vous supplie à mains jointes et à genoux; faites de moi l'instrument de votre volonté, Seigneur; je m'appelle Salvator, faites de moi un sauveur, ô mon Dieu! Le voici, allons, que l'heure de la justice sonne pour le coupable.

SCENE VI.

SALVATOR, MARCO THÉONA.

MARCO. Ces étrangers m'ont fatigué de leurs questions. Heureusement, sous l'enveloppe de Spiridione personne ne peut reconnaître l'Espagnol Marco Théona. O jour des morts, terrible anniversaire, que n'es-tu le dernier auquel je sois condamné!

SALVATOR. Dites-moi, vieillard, vous êtes le gardien de ces tombeaux?

MARCO. Oui, monseigneur, le jour et la nuit.

SALVATOR. Quoi! toujours en présence de la mort?

MARCO. A mon âge, on incline vers la tombe, il est bon de se familiariser avec elle. Vous désirez visiter les caveaux, nous allons commencer par celui-ci. Sous cette pierre repose le duc d'Ottayano, gentilhomme napolitain, tué lors de l'insurrection de Mazaniello.

SALVATOR. Après?

MARCO. Au pied de cette croix sont couchées...

SALVATOR. La comtesse de Las Végas et la duchesse d'Ottayano, tuées aussi pendant l'insurrection, n'est-ce pas?

MARCO. Oui, oui.

SALVATOR. Et ces deux statues?...

MARCO. Ces statues... sont celles...

SALVATOR. Du fils de Las Végas et de sa fiancée, morts empoisonnés le jour de leur mariage, n'est-ce pas?

MARCO. Pourquoi me parlez-vous ainsi? je ne vous connais pas.

SALVATOR. Voilà donc tes trophées : deux familles tout entières.

MARCO. Encore une fois, je ne vous connais pas. Que voulez-vous?

SALVATOR. Je veux te rappeler un jour de fête splendide et magnifique, tout rayonnant de bonheur, et que tu as voilé d'un long crêpe de deuil. Marco Théona! tu habites le sanctuaire de la mort, et tu ne crains pas que ces voûtes ne t'écrasent? Tu oses ramper et te glisser parmi ces tombes, comme un serpent, et tu ne crains pas qu'elles ne s'ouvrent pour t'accuser et te maudire? Marco Théona, qui a versé le poison dans la coupe des fiancés?

MARCO. C'est la fatalité!

SALVATOR. Mais, vois donc autour de toi : est-ce la fatalité qui a frappé Ottayano, un vieillard, et deux femmes, deux pauvres mères, qui fuyaient avec leurs enfants? Tu les as massacrés sans pitié. Oh! mais pour oser cela, que t'avaient-ils donc fait?

MARCO. Tous sont morts pendant la guerre civile. Eh! suis-je donc responsable des malheurs et des crimes de l'insurrection dont vous étiez l'un des principaux chefs? car je vous reconnais enfin! Oui, je suis Marco Théona; si j'ai pris la torche et le poignard, c'est que l'on m'a dit : Marche et combats avec nous. Et j'ai marché sous vos ordres, monseigneur!

SALVATOR. Tu mens!... Tu oses m'appeler ton chef, moi, Salvator Rosa?... Misérable!... Moi, citoyen de Naples, ami de Mazaniello, j'ai tiré mon épée contre les Espagnols nos tyrans, et je me suis fait soldat à la voix de mon pays opprimé, soldat de l'indépendance et de la liberté. Et toi, toi, Espagnol, tu t'es rué sur un domaine espagnol. Traître envers ceux de ta nation, tu as pillé, brûlé, ravagé, et tu dis que tu as marché sous mes ordres? Infamie et mensonge! Mieux vaudrait cent fois l'esclavage que la liberté achetée au prix de tant de sang, de ruines et de honte! Cesse donc de te croire soldat de l'insurrection napolitaine... Mazaniello et ses braves compagnons sont morts en héros, en martyrs; et toi, tu as été pillard, incendiaire, assassin!

MARCO. Eh! que m'importent à moi la liberté de Naples, l'envie de ceux-ci ou l'ambition de ceux-là? Que m'importaient Mazaniello ou le duc d'Arços? Vous combattiez pour la liberté, dites-vous? et moi, j'ai profité de la guerre pour assurer ma vengeance. O Las Végas! Las Végas!

SALVATOR. Mais, que t'avait-il donc fait?

MARCO, *se redressant*. Ce qu'il m'avait fait?... J'avais une fiancée vertueuse et belle, que j'aimais jusqu'à l'adoration. Eh bien! le soir de mon mariage, un sommeil perfide engourdit mes sens; et, quand je me réveillai, j'étais à Madrid, seul, enfermé, et gardé à vue comme un voleur, comme un scélérat; et quand ma prison s'ouvrit, j'appris que mon seul crime était la beauté de ma femme. Je courus chez ma mère et chez celle de Térésita... la misère et le chagrin les avaient tuées... oui, tuées! celles-là aussi étaient mères, et on avait volé leurs enfants!... Ivre de douleur, je courus longtemps, partout; j'appelais Térésita, je la demandais au ciel et à la terre; rien : enlevée, perdue! Enfin, brûlé par la fièvre, miné par le désespoir, je me traînai dans un hôpital, et j'appelai la mort qui s'avançait lentement vers moi, lorsqu'un jour, en passant dans l'enceinte funèbre de l'hospice, je me découvris devant une petite croix de bois : j'approchai sans savoir pourquoi, et je lus un nom... Oh! miséricorde!.. Je lus... TÉRÉSITA!... Oui, sous la terre fraîchement remuée était couchée Térésita, ma fiancée, mon trésor!... Térésita, enlevée par Las Végas!... Térésita, morte à vingt ans, folle et déshonorée!... O Las Végas! Las Végas!... Et l'on me demande ce qu'il m'a fait!

SALVATOR. Mais ces femmes, ces enfants étaient innocents.

MARCO. Il m'a tout ravi à la fois... Ma mère, ma fiancée, mon bonheur en ce monde et mon repos dans l'autre... Il m'a condamné aux remords du jour, aux terreurs de la nuit; car, la nuit, je vois des ombres qui passent là-bas et s'arrêtent devant moi;

il m'a fait meurtrier et en horreur à moi-même. Eh bien! j'irai jusqu'au bout; j'ai juré l'extermination entière de sa race, et je tiendrai mon serment.

SALVATOR. Ainsi, pour honorer la mémoire d'une victime innocente, tu as entassé crime sur crime, tu as immolé des innocents, et tu oses rester dans cette enceinte?

MARCO. Oui, cadavre vivant, j'ai rivé ma chaîne aux cadavres qui m'entourent... Il manque un nom à l'une de ces tombes, et j'y mettrai celui de Las Végas. Voilà pourquoi je suis ici, et pourquoi j'appelle encore la vengeance.

SALVATOR. Le ciel ne veut pas qu'on se venge; et il t'a puni doublement, car il a protégé les rejetons de ces deux familles, et Las Végas lui-même est encore vivant.

MARCO. Vivant!... Las Végas vivant!... Oh! non, non, c'est impossible!... Et pourtant mon poignard ne l'a point frappé!

SALVATOR. Il existe, lui et ses enfants... Assez de forfaits et d'horreurs... Marco Théona, Dieu sera ton juge là-haut; dans sa clémence infinie, il peut t'absoudre; moi, je suis ton juge ici-bas, et je te condamne.

MARCO. Et moi, j'ai fait un serment terrible, et je le tiendrai. Je suis Espagnol et Corse.

SALVATOR, *remontant l'escalier*. Tu es un tigre à qui j'arracherai les dents et les griffes, et que j'enfermerai dans une cage de fer. Tu as éveillé la justice humaine par un cri de vengeance, eh bien! j'y réponds... Marco Théona, malheur sur toi; car, maintenant, je m'appelle Salvator le Vengeur! (*Il sort.*)

SCÈNE VII.

MARCO THÉONA, *seul.*

Que m'importe, après tout?... Ma tâche est terminée... Mais pourtant, s'il était vrai... si Las Végas... Quoi! je serais maudit en ce monde et damné dans l'autre, et lui, il vivrait tranquille, heureux peut-être!... Allons! debout, Marco Théona! rappelle ta vieille énergie, réchauffe ton sang glacé... Il me faut Las Végas mort ou vivant... Mais où est-il?... Oh! je le découvrirai!... ma haine me guidera; et, cette fois, j'en ferai un cadavre. Oui, demain, j'irai fouiller ces ruines abandonnées... C'est là qu'il vit sans doute; c'est là qu'il doit mourir... Vienne ensuite ce Salvator avec ses menaces, et la justice avec ses sbires... Je les attends et je les défie... Qui donc m'accusera? qui donc pourrait animer ces statues et rendre à cette poussière le mouvement et la voix?... (*En ce moment, les ombres de Léontio et de Stellina paraissent au fond. Marco pousse un cri.*) Ah!... arrière! arrière! fantômes!

LÉONTIO. Marco Théona! souviens-toi de Léontio!

STELLINA. Marco Théona! souviens-toi de Stellina! (*Les ombres disparaissent.*)

MARCO. A moi! à moi!... Je... (*Il chancelle et tombe. On entend l'orgue seul d'abord, puis le chœur de la première scène. Les portes du fond s'ouvrent, et l'on voit la chapelle. Revenant à lui.*) O céleste harmonie qui rafraîchit mes sens et calme mes angoisses!... Est-ce la voix de Térésita qui me console? est-ce le pardon qui me vient d'en haut, afin que, moi-même, je pardonne sur la terre?... (*Il se relève.*) Seigneur, mon Dieu! écartez de moi la colère et la vengeance, inspirez-moi le repentir, et faites-moi grâce, Dieu de miséricorde!

UNE VOIX. Chrétiens, priez pour la famille d'Ottayano! priez pour la famille de Las Végas!

MARCO. Las Végas!.. toujours Las Végas!.. (*Tirant son poignard.*) Que je sois damné, mais qu'il tombe sous mon poignard! Oh! oui, j'irai dans les ruines du château de Las Végas!

SCENE VIII.

LA GITANA, *paraissant au fond.*

Nous y serons avant toi!

FIN DU QUATRIÈME ACTE.

ACTE CINQUIÈME.

Même décor qu'aux premier et deuxième actes. — A gauche, un tombeau avec cette suscription : *Léontio et Stellina, morts le jour de leur mariage*; les deux portraits dans le pavillon.

SCENE PREMIERE.

LAS VÉGAS, *seul; ses vêtements sont usés et en désordre.*

Nos invités ne peuvent tarder à se rendre ici. La fête sera belle; oh! oui, la fête sera belle! (*Appelant.*) Ambrosio! Aniello! préparez les illuminations et les rafraîchissements; ouvrez les portes du château à tous les paysans d'alentour; je veux qu'ils prennent part à la fête et soient témoins du bonheur de mon fils. Vous ne savez pas, c'est aujourd'hui que je marie mon fils, mon Léontio. (*Il s'approche du tombeau.*) Sous ce berceau où il venait s'endormir tout enfant dans les bras de sa petite Stellina, j'ai élevé cet autel, c'est l'autel de l'hyménée. (*Il cueille des fleurs et les jette sur le tombeau.*) Tiens, Léontio, à toi ces roses; Stellina, à toi ces lys, blancs comme ton front, et ces fleurs d'oranger pures comme ton âme. Chers enfants! c'est pour vous que j'ai fait décorer ce pavillon. (*Il ouvre la porte.*) Voilà vos portraits! quelle douceur dans leur sourire, quelle joie dans leurs regards!... mais où sont-ils? Il y a longtemps, bien longtemps que je les attends! Pourquoi m'ont-ils laissé seul, le jour, la nuit, toujours seul? Je les appelle et ils ne viennent pas; je les aperçois souvent là bas dans les arbres; je leur fais signe de m'attendre, et quand j'avance ils s'enfuient et je ne les vois plus. Pourtant, c'est aujourd'hui le grand jour... oui, c'est aujourd'hui.

SCÈNE II.

LAS VÉGAS, SALVATOR, SYLVIO, ÉLÈVES.

SALVATOR. Voyez de ce côté, messieurs, et nous finirons par trouver l'homme que je cherche... justement j'aperçois... (*A part.*) C'est lui! le comte de Las Végas dans cet état! lui dont la victime est morte folle; voilà donc son châtiment, la folie! Seigneur, Seigneur, puisque vous avez frappé les méchants, sans doute vous récompenserez les bons.

LAS VÉGAS, *les apercevant.* Ah! voici nos invités. Vous venez pour la cérémonie?

SALVATOR. La cérémonie?... oui, en effet.

LAS VÉGAS. Tant mieux, vous serez témoins du bonheur de mes enfants.

SALVATOR. Vos enfants... où sont-ils?

LAS VÉGAS, *montrant le tombeau.* Ils sont là!... non, ils vont venir.

SALVATOR. Je l'espère.

LAS VÉGAS. Vous êtes l'ami de mon fils, n'est-ce pas?

SALVATOR. Oui, son ami, son meilleur.

LAS VÉGAS. Son meilleur... après moi.

SALVATOR. Monsieur le comte, me reconnaissez-vous?

LAS VÉGAS. Vous!... sans doute, je vous ai vu hier, tantôt.

SALVATOR. Savez-vous mon nom?

LAS VÉGAS. Votre nom? oui.

SALVATOR. On m'appelle?...

LAS VÉGAS. On vous appelle... je ne sais pas, moi. (*Il s'accroupit près du tombeau.*)

SALVATOR. O malheur! il ne pourra me servir.

SYLVIO. Maître, votre tentative échouera, il n'y a plus chez cet homme la moindre lueur de raison.

SALVATOR. Hélas! que faire? et pourtant il faut nous hâter, car le Vésuve jette une lueur sinistre. Sa gueule béante vomit la flamme, un sourd grognement annonce sa colère, et bientôt peut-être la lave va couler comme une rivière de feu. Va de ce côté, Sylvio, répands tes amis dans les avenues et autour de ce pavillon; qu'ils chantent en s'accompagnant sur leurs mandolines; moi, pendant ce temps, je vais chercher la Gitana et nos jeunes protégés, afin de les préparer doucement à la révélation qui les attend ici; va, Sylvio, et veille à ce qu'on remplisse mes instructions.

SYLVIO. Comptez sur moi, maître. (*Ils sortent.*)

SCÈNE III.

LAS VÉGAS, LÉONTIO, STELLINA. (*Ils arrivent par la terrasse du fond, en toilette de mariés.*)

STELLINA. Mon frère, on nous a recommandé de ne point venir par ici.

LÉONTIO. N'importe! une force invisible me pousse et m'attire; je veux savoir enfin pourquoi l'on nous a amenés ici, affublés de ces costumes, qui ne conviennent ni à notre état, ni à notre misère.

STELLINA. Vois donc comme ces arbres sont tristes et tourmentés; cette verdure sent la tombe, et ces fleurs elles-mêmes ont un aspect mélancolique.

LÉONTIO. Oui, je le sens au frisson qui m'agite, on respire ici un air empoisonné.

STELLINA. Nous ne sommes pas seuls ici, retirons-nous, car nous marchons de mystère en mystère, et notre présence a troublé ce bon vieillard qui prie là au pied d'un tombeau.

LAS VÉGAS, *se relevant.* Quelle douce voix!

LÉONTIO. Nous avons été indiscrets sans le vouloir; excusez-nous, nous sommes étrangers et nous cherchons maître Rosa.

LAS VÉGAS. Étrangers!.... vous êtes ici chez vous. Est-ce que tu ne reconnais pas ce jardin, ce pavillon?

LÉONTIO. Je les vois aujourd'hui pour la première fois, et, par une bizarrerie surnaturelle, je crois les revoir après un long temps.

LAS VÉGAS. Oui, il y a longtemps que je vous appelle, je vous attendais.

LÉONTIO. Comment?

STELLINA. Prends garde, mon ami, ce pauvre homme est fou.

LAS VÉGAS. Oui, elle a raison, il est fou... il est fou.

LÉONTIO. Pauvre homme! et je lui parlais comme s'il pouvait me comprendre. Viens, ma sœur.

LAS VÉGAS, *les arrêtant.* Partir, encore partir! m'abandonner tout seul! Oh! je vous en supplie, restez, restez près de moi, il y a si longtemps que je suis seul.

STELLINA. Sa voix me déchire le cœur.

LÉONTIO. Ce n'est pas vous que nous cherchons.

LAS VÉGAS. Ce n'est pas moi que tu cherches, tu n'aimes donc pas ton père?

LÉONTIO. Vous n'êtes pas mon père, vieillard; je n'ai pas de père, moi.

LAS VÉGAS. Je ne suis pas ton père! non, non, tu n'es pas mon fils; tu lui ressembles bien pourtant! tu as sa figure, sa voix; en te voyant, on le croirait ressuscité.

LÉONTIO. Ressuscité! encore ce mot fatal! taisez-vous, vieillard, je ne vous connais pas.

LAS VÉGAS. Ah! ah! il est fou! il est fou!

STELLINA. Mon ami, ce pauvre insensé a perdu un fils, sans doute, et ta vue a trompé son cœur; par respect pour son âge et par pitié pour sa douleur, laissons-lui cette douce illusion. (*A Las Végas.*) Oui, vous avez raison, c'est bien votre fils, et si notre présence peut vous servir et vous consoler, nous reviendrons, je vous le jure, plus tard, bientôt.

LAS VÉGAS. A la bonne heure! Toi aussi, tu as la voix et le visage de ta sœur; c'était un ange, et tu es un ange comme elle, ma bonne petite Stellina.

STELLINA. Grand dieux!

LÉONTIO. Stellina! vous avez dit Stellina? mais qui donc vous a appris ce nom?

LAS VÉGAS. Vos noms! je ne les ai pas oubliés, ils sont écrits là. (*Montrant le tombeau.*) Léontio et Stellina.

LÉONTIO. Qu'entends-je! vous nous connaissez?

LAS VÉGAS. Si je vous connais! tu me demandes cela à moi, ton père! C'est pour vous que j'ai fouillé dans les décombres, et que j'ai caché dans le souterrain, des titres, des bijoux, de l'or, beaucoup d'or.

LÉONTIO, *à part.* Encore un espoir qui s'envole!

LAS VÉGAS. Oh! tu seras riche, mon Léontio.

LÉONTIO. Oui, je m'appelle Léontio, elle s'appelle Stellina: voyons, tâchez de rassembler vos souvenirs, cherchons ensemble.

LAS VÉGAS. Cherchons ensemble.

STELLINA. Vous nous avez vus tout petits?

LAS VÉGAS. Oui, tout petits.

LÉONTIO. Tâchez de vous rappeler où nous étions?

LAS VÉGAS. Ici.

LÉONTIO. Ici?... soit. Et nos parents?

LAS VÉGAS. Morts!

LÉONTIO. Écoutez-moi bien, et regardez-moi! puisque vous me connaissez, vous savez si je suis son frère?

LAS VÉGAS. Son frère!.... oui, son frère, tiens, là, dans ce pavillon, tu les verras.

STELLINA. Qui?

LAS VÉGAS. Eux... ils sont là.... venez.... non, n'entrez pas... il vous tuera... car c'est lui... lui, n'entrez pas... Aniello, vite, un cheval, cours, non, c'est moi, laissez-moi, laissez-moi! (*Il sort en se débattant.*)

SCÈNE IV.

LÉONTIO, STELLINA.

LÉONTIO, *à lui-même.* Son frère!... oui, tu es son frère! ce vieillard, sans qu'il s'en doute, a prononcé mon arrêt de mort.

STELLINA. Mon ami, mon cœur a deviné le tien, oui, je te comprends, et je te dis: mon frère, nous ne pouvons plus vivre; allons nous prosterner aux pieds du Tout-Puissant, parés de notre innocence; notre amour, ici-bas, serait un crime ou un supplice; là-haut, nous nous aimerons comme les anges et nous serons purs comme eux devant Dieu.

LÉONTIO. Eh bien, chaste et sainte enfant, que du haut des rochers nos corps s'élancent dans la mer, et que nos âmes s'élèvent au ciel; viens et mourons ensemble, ta main dans la mienne, nos bras entrelacés, comme Paolo et Francesca. Stellina, un dernier adieu, un dernier baiser.

STELLINA. Non, ce serait à présent le baiser de l'amant à l'amante, et non celui du frère à la sœur. A genoux plutôt. (*Ils s'agenouillent.*) Et pour la dernière fois... Qu'ai-je lu! *Léontio et Stellina...*

LÉONTIO. *Morts le jour de leur mariage.* Ces mots, qui les a tracés? pour qui sont-ils? *le jour de leur mariage!* Eh bien! j'accepte l'épitaphe; merci, voix de la tombe: Stellina, lève-toi, tu n'es plus ma sœur... Léontio n'est plus ton frère... regarde, je suis ton amant, ton époux.

STELLINA. Mais c'est un rêve, une vision, peut-être...

LÉONTIO. Oui, un rêve, une vision, mais par pitié ne m'éveille pas. Je suis ton fiancé, l'acte de notre union est gravé sur la pierre, et la nature a semé des fleurs sur le registre nuptial; c'est une révélation, la Gitana l'avait dit. Mais je veux savoir... (*Il ouvre le pavillon.*) Ah! ces portraits!.... regarde..., ton portrait, le mien.

STELLINA. Ces costumes...

LÉONTIO. Et cette couronne de fiancée.

STELLINA. O sainte Vierge, à mon secours!

LÉONTIO. Oh! c'est trop, ma tête se brise; non, c'est impossible, la réalite a menti... A moi, Salvator.

STELLINA. Mon ami, ne me quitte pas, j'ai peur. (*On entend le chœur du 2me acte.*)

SCÈNE V.

LES MÊMES, LAS VÉGAS.

LAS VÉGAS, *entrant brusquement.* Arrêtez. Entendez-vous? c'est la sérénade des noces.

LÉONTIO *et* STELLINA. Des noces!

LAS VÉGAS. Eh bien, mes enfants, allez donc rejoindre nos invités.

LÉONTIO. Comment?

LAS VÉGAS. Écoutez!.. on appelle les jeunes époux, là-bas, là-bas!.. allez, allez...

LÉONTIO. Oh! il me faut le dernier mot de ce mystère. (*Ils sortent, le chœur continue en dehors.*)

SCENE VI.

LAS VÉGAS, *seul.*

O délicieux accords, douce rosée qui rafraîchit mon front. Oui, ma tête se dégage, mon sang circule. Chut! marchez doucement, bien doucement, ils sont là, au pavillon, ils reposent...

SCENE VII.

LAS VÉGAS, MARCO THÉONA.

MARCO, *paraissant dans le pavillon.* Rien encore. Oh! cette chambre me glace d'épouvante.

LAS VÉGAS. Prenez garde... là... dans l'alcôve... le mendiant...

MARCO, *sortant du pavillon.* Un vieillard, ici! Que vois-je? Las Végas! Las Végas vivant!

LAS VÉGAS. Oui!.. Il est fou.

MARCO. Qu'entends-je!.. sa raison... Comte de Las Végas, regarde-moi donc!

LAS VÉGAS, *le regarde.* Il est fou !...

MARCO. Fou !.. ô destinée infernale ! quand je crois trouver un homme et frapper un coupable, c'est un fantôme qui se dresse devant moi et un cadavre animé qui s'offre à ma vengeance. Quoi ! il ne saura pas qu'il est poignardé par moi ? Mais regarde-moi donc ; vois ces joues caves, ces yeux rougis par les veilles, regarde et reconnais enfin Marco Théona.

LAS VÉGAS. Marco Théona !.. ô ma tête, ma tête, Marco Théona !.. (*Avec explosion.*) Marco Théona !

MARCO. Oui, Marco Théona.

LAS VÉGAS. Oh ! la raison me revient, car je recommence à souffrir. Vois-tu ces yeux éteints, ce front chauve foudroyé par la folie ? Marco Théona, qu'as-tu fait de mes enfants !

MARCO. Las Végas, qu'as-tu fait de Térésita. Oh ! chaque goutte de ton sang pour chacune de mes tortures.

LAS VÉGAS. Rends-moi ma femme, mes enfants.

MARCO. Mais rends-moi donc Térésita, Térésita ma fiancée, morte en te maudissant.

SCÈNE VIII.

LES MÊMES, LA GITANA.

LA GITANA, *qui s'est approchée.* Non ! en pardonnant.

MARCO. Cette voix !..

LAS VÉGAS. Ces traits !..

TOUS DEUX. Térésita !..

LA GITANA. Non, les morts ne reviennent pas, mais ils renaissent dans leurs enfants.

LAS VÉGAS. Toi !.. toi ! oh ! attends ; mes titres, mes trésors, je me rappelle, oui, dans le souterrain. Oh ! pour toi, tout pour toi. (*Il sort.*)

SCENE IX.

LES MÊMES, *moins Las Végas.*

MARCO. Fille de Térésita, il va te payer l'honneur et la vie de ta mère.

SCÈNE X.

LES MÊMES, SAVATOR, LÉONTIO, STELLINA.

SALVATOR. Il va donner un nom et une fortune à Léontio de Las Végas et à Stellina d'Ottayano.

MARCO. Que vois-je !.. Léontio... ô Las Végas... au souterrain ; cette fois, il n'en sortira pas. (*Il sort par le pavillon, son poignard à la main.*)

SALVATOR. Et maintenant, enfants, rendez grâces à votre véritable libérateur. (*Bruit sourd.*)

LÉONTIO. La terre a tremblé.

SALVATOR. C'est le volcan qui gronde, c'est l'enfer qui rugit.

STELLINA. Nous sommes perdus ; fuyons, fuyons.

LA GITANA. Non, restez. Dieu n'est-il pas avec vous ?

LÉONTIO. Nous allons périr tous. (*Éclairs, flammes.*)

SALVATOR. Le vent de la colère céleste va balayer ces ruines. (*Détonations, flammes.*)

MARCO, *du dehors.* Au secours !.. à moi !..

LÉONTIO. Entendez-vous ? (*Il veut s'élancer.*)

SALVATOR. Arrêtez !..

MARCO. A moi ! (*Il entre dans le pavillon, Salvator en ferme la porte. Éruption du Vésuve ; le pavillon se démolit et écrase Marco sous ses ruines, tout s'écroule.*)

SALVATOR. Justice de Dieu ! enfants, laissez passer la justice de Dieu !...

FIN.

Paris.—Imprimerie de Mme veuve Dondey-Dupré, rue Saint-Louis, 46, au Marais.

Rita l'Espagnole, dr. 5 actes.
Roméo et Juliette, 5 actes, par F. Soulié.
Rubans d'Yvonne (les), c. 1 act.
Ralph le bandit, mélod. 5 actes.
Révolution Française (la), 4 act.
Rigobert ou fais-moi bien rire.
Ramoneur (le), dr.-vaud. 2 actes.
Salpêtrière (la), dr. 5 actes.
Sac à malices (le), féer. en 3 act.
Servante du curé (la).
Stella, drame en 5 actes.
Sans nom, fol.-vaud. 1 acte.
Sept Châteaux du diable (les).
Sœur du Muletier (la), dr. 5 a.
Sept enfants de Lara (les). 5 a.
Sonnette de nuit (la), en un acte.
Stéphen, dr. 5 actes.
Sous une porte cochère, v. 1 act.
Simplette, vaud. 1 acte.
Tache de sang (la), dr. 3 act.
Trois épiciers (les), vaud. 3 act.
Traite des noirs (la), dr. 5 actes.
Tremblement de terre de la Martinique (le), dr. 5 act.
Tirelire (la), vaudeville, 1 acte.
Thomas Maurevert, drame 3 a.
Tailleur de la Cité (le), dr. 5 ac.
Tyran d'une femme, v. 1 acte.
Urbain Grandier, par A. Dumas.
Un grand Criminel, dr. 3 actes
Une Nuit au Louvre, dr. 3 actes.
Un Changement de main, 2 a.
Vicomte de Giroflé (le), 1 acte.
Vautrin, dr. 5 a. par Balzac.
Vendredi (le), vaud. 1 acte.
Vénitienne (la), dr. en 5 actes.
Voisin (la), dr. 5 actes.
Vouloir c'est pouvoir, c.-v. 2 a.
Veille de Wagram.
Voyage en Espagne, vaud. 1 acte.
Zanetta ou jouer avec le feu.

RÉCENTES PUBLICATIONS.

CLAUDIE, drame en 3 actes, par GEORGES SAND ... 1 50
FRANÇOIS LE CHAMPI, comédie en 3 actes, en prose, par Mme GEORGES SAND ... 1 50
LE JOUEUR DE FLUTE, comédie en un acte, par M. E. Augier ... 1 50
LA JEUNESSE DES MOUSQUETAIRES, drame 5 actes, par MM. Alex. Dumas et Maquet ... 1 »
PAILLASSE, drame en 5 actes, par MM. Dennery et Marc Fournier ... » 60
JENNY L'OUVRIÈRE, drame en 5 actes, de MM. Decourcelle et J. Barbier ... » 60
LA FILLE DU RÉGIMENT, opéra comique en 2 actes de MM. Bayard et de Saint-Georges ... » 60
URBAIN GRANDIER, drame en 5 actes, par M. Alex. Dumas et Aug. Maquet ... » 50
BONAPARTE, ou les 1res Pages d'une grande Histoire, pièce milit. en 20 tabl. de M. F. Labrousse. » 50
LES FRÈRES CORSES, 5 actes, tiré du roman d'Alex. Dumas par MM. Grangé et Montépin. » 50
LE PETIT TONDU, drame militaire en trois actes, par M. F. Labrousse ... » 50
LA CHASSE AU CHASTRE, fantaisie en 3 actes et 8 tableaux, par M. Alex. Dumas ... » 50
HENRI LE LION, drame en 5 actes, par MM. St-Ernest et Filliot ... » 50
PAULINE, drame en 5 actes, tiré du roman de M. Al. Dumas, par MM. Grangé et Montépin. » 50
L'ARMÉE DE SAMBRE-ET-MEUSE, 4 actes et 19 tableaux, par F. Labrousse et Frédéric ... » 50
IL Y A PLUS D'UN ANE A LA FOIRE... Vaud. en 1 acte, par MM. Paul de Kock et de Guiches. » 50
LA FEMME DE MÉNAGE, vaudeville en 1 acte, par M. Michel Delaporte ... » 50
LA BARRIÈRE CLICHY, drame militaire en 5 actes et 14 tableaux, par Alexandre Dumas ... » 60
VALÉRIA, drame en cinq actes et en vers, par MM. Auguste Maquet et Jules Lacroix ... 2 »
LE DIABLE, drame en cinq actes, par MM. Delacour et Lambert Thiboust ... » »
LE PLANTON DE LA MARQUISE, comédie-vaud. en un acte, par MM. Ward et H. Vannoy. » 50
UNE FEMME PAR INTÉRIM, vaudeville en un acte, par MM. E. Hugot et Lehmann ... » 50
ENTRE DEUX CORNUCHET, com.-vaud. en un acte, par MM. Paul de Kock et Boyer ... » 50
MEUBLÉ ET NON MEUBLÉ, vaudeville en un acte, de MM. Dupeuty et E. Grangé ... » 50
LES TROIS VOISINS, LES TROIS VOISINES, comédie-vaudeville en un acte, par M. Dubois. » 50
LE MONDE VOLANT, vaudeville en un acte, par M. Ch. Paul de Kock ... » 50
CONTRE FORTUNE, BON CŒUR, com.-vaud. en 1 acte, par M. J. de Wailly et A. Overnay » 50
LA GOTON DE BÉRANGER, vau[d]. en 5 a. dont un prologue, par Mrs Cormon, Grangé et Dutertre. » 60
MERCADET, comédie en 3 actes, par H. de Balzac ... 50
LE DOUTE ET LA CROYANCE, drame en 1 acte, par M. J. M. Cournier ... »
LES QUENOUILLES DE VERRE, féerie-vaud. en 3 actes et 8 tab., par M. Michel Delaporte. » 60
LA FILLE DE FRÉTILLON, vaudeville en un acte, par MM. Deadé e Choler ... » 50
LA PAYSANNE PERVERTIE, drame en 5 actes, de MM. Dumanoir et d'Ennery ... » 60
BOUDJALI, vaudeville en un acte, de MM. Élie Sauvage, Duhomme et René Chevalier ... » 50
QUAND ON VA CUEILLIR LA NOISETTE..., Vaudeville en un acte, de MM. Henry de Kock et Amédée de Jallais ... » 60
LA CIRCASSIENNE, com. mêlée de chant en un acte, par MM. Saint-Hilaire et É. Bordier. » 50
LA COURSE AU PLAISIR, revue de 1851, de M. Delaporte, T. Muret et Gaston de Montheau. » 50
L'AME TRANSMISE, drame en 5 actes, par M. J. Chardon ... » 60

NOUVELLES PUBLICATIONS.

BIBLIOTHEQUE DE VILLE ET DE CAMPAGNE.

Dessins de F. BARRIAS et BELIN, gravés par DEGHOUY.

ROMANS MODERNES ILLUSTRÉS A VINGT CENT. LE VOLUME.

Une lacune regrettable existait dans les publications de romans illustrés à 20 centimes le volum parmi les noms que le public recherche avec empressement, quelques-uns ne figurent pas dans ces co lections, d'autres n'y paraissent que très-incomplétement. Nous sommes heureux de pouvoir annonc que nous allons combler cette lacune en publiant successivement dans notre Bibliothèque de Vil et de Campagne les œuvres de Frédéric Soulié, les derniers romans de Paul de Kock, les Crim célèbres d'Alexandre Dumas, les œuvres choisies de Marco de Saint-Hilaire, Souvenirs d' aveugle, Voyage autour du monde, par Jacques Arago, et quantité d'autres ouvrages.

Les noms des auteurs que nous annonçons, les soins particuliers que nous donnons à la correction t exte, au tirage des gravures et à la fabrication entière des ouvrages, nous font espérer que notre no velle publication sera favorablement accueillie.

OUVRAGES COMPLETS EN VENTE.

L'Amoureux transi, par Paul de Kock	1 fr.	10 c.
Les Crimes célèbres, par Alexandre Dumas, les 5 parties en un seul volume	3	95
La Jolie Fille du Faubourg, par Paul de Kock, 24 vignettes	1	15
Les Mémoires du Diable, par Frédéric Soulié, 66 vignettes	3	15
Le Lion amoureux, par Frédéric Soulié, 9 vignettes	»	50
Le Comte de Toulouse, par Frédéric Soulié, 25 vignettes	1	10

LES CRIMES CÉLÈBRES, par Alexandre Dumas, illustrés de vignettes.

Se vendent séparément par séries brochées, comme suit.

La Marquise de Brinvilliers, la Comtesse de Saint-Géran, Murat, Karl Sand, les Cenci	»	90
Marie Stuart, par Alexandre Dumas, 14 vignettes	»	70
Les Borgia, la Marquise de Ganges, par Alexandre Dumas, 21 bois gravés	»	90
Les Massacres du Midi, Urbain Grandier	1	10
Jeanne de Naples, Vaninka	»	70

EN COURS DE PUBLICATION PAR LIVRAISONS.

LES PRISONS DE L'EUROPE	Alboize et A. Maquet.	SATHANIEL	Frédéric Soulié.
VOYAGE AUTOUR DU MONDE	Jacques Arago.	LE VICOMTE DE BÉZIERS	Frédéric Soulié.
DIANE DE CHIVRI	Frédéric Soulié.	LA VEUVE DE LA GRANDE ARMÉE	E. Marco de St-Hilaire.
LES CRIMES CÉLÈBRES	Alexandre Dumas.	LES DEUX CADAVRES	Frédéric Soulié.
MÉMOIRES D'UN PAGE DE L'EMPIRE	E. Marco de St-Hilaire.		

Il paraît une ou deux livraisons par semaine, à la Librairie théâtrale, boulevard Saint-Martin, 12.

Paris. — Typ. de Mme Ve Dondey-Dupré, rue Saint-Louis, 46, au Marais.

www.ingramcontent.com/pod-product-compliance
Lightning Source LLC
LaVergne TN
LVHW020247230826
846091LV00006B/2290
9782012725553